Para

com votos de paz.

/ /

CB025521

DIVALDO FRANCO

PELO ESPÍRITO BEZERRA DE MENEZES

COMPROMISSOS
ILUMINATIVOS

ASSOCIAÇÃO BRASILEIRA DE
DIREITOS REPROGRÁFICOS

EDITORA LEAL

Salvador
7. ed. - 2023

©(1990) Centro Espírita Caminho da Redenção – Salvador, BA.
7. ed. (2ª reimpressão) – 2023
1.000 exemplares (milheiros: 30.500)

Revisão: Adriano Mota Ferreira
        Plotino Ladeira da Matta
Editoração eletrônica: Ailton Bosco
Capa: Cláudio Urpia
Coordenação editorial: Lívia Maria Costa Sousa
Produção gráfica:
        LIVRARIA ESPÍRITA ALVORADA EDITORA
        Telefone: (71) 3409-8312/13 – Salvador (BA)
        Homepage: www.mansaodocaminho.com.br
        E-mail: <leal@cecr.com.br>

Dados Internacionais de Catalogação na Publicação (CIP)
(Catalogação na fonte)
Biblioteca Joanna de Ângelis

F825	FRANCO, Divaldo Pereira. *Compromissos iluminativos.* 7. ed. / Pelo Espírito Bezerra de Menezes [psicografado por] Divaldo Pereira Franco. Salvador: LEAL, 2023. 200 p. ISBN: 978-65-86256-08-6 1. Espiritismo 2. Psicografia 3. Reflexões morais I. Franco, Divaldo II. Título
	CDD: 133.93

DIREITOS RESERVADOS: todos os direitos de reprodução, cópia, comunicação ao público e exploração econômica desta obra estão reservados, única e exclusivamente, para o Centro Espírita Caminho da Redenção. Proibida a sua reprodução parcial ou total, por qualquer meio, sem expressa autorização, nos termos da Lei 9.610/98.

Impresso no Brasil
Presita en Brazilo

SUMÁRIO

Compromissos iluminativos 7

1. Súplica 11

2. Rogativa de esperança 15

3. Oportunidade de redenção 19

4. Combate à mediunidade 23

5. Determinismo espiritual 29

6. Herança divina 35

7. Senda luminosa 39

8. Criança e futuro 43

9. Infância 47

10. Avareza 51

11. Jesus e os homens 57

12. Experiência de luz 63

13. Honra máxima 69

14. Momento histórico 73

15. Apelo de Natal 79

16. Considerações oportunas 83

17. Oportunidade de serviço 89

18. A grande luta 95

19. Fraternidade 99

20. Religião Cósmica do Amor 103

21. O homem perante o Espiritismo 109

22. Dias ásperos 115

23. Lar cristão 119

24. *O Livro dos Espíritos* 123

25. Trabalhadores da última hora 129

26. Nova Era 135

27. Cristo espera por nós 141

28. Mensagem de estímulo 147

29. Página aos companheiros 157

30. Duas palavras 165

31. Casa de Amor 171

32. Ante a unificação 177

33. Nossa casa permanece a barca conduzida por Ismael 183

34. A Pátria do Evangelho 187

35. Mensagem de encerramento 195

COMPROMISSOS ILUMINATIVOS

Quando o Espírito mergulha no organismo físico, para o crescimento intelecto-moral através da reencarnação abençoada, olvida-se de muitos compromissos que deve abraçar, assinalado por ansiedades novas, temores e conflitos que remanescem dos graves delitos antes perpetrados.

Em face das conjunturas dolorosas, imprimem-se-lhe na memória as aflições e os remorsos com mais vigor, enquanto as mais leves experiências são olvidadas, ressurgindo em lampejos incertos, que não logram produzir os resultados que seriam necessários para as decisões fomentadoras das lutas de libertação.

Mediante o parcial desprendimento pelo sono, normalmente retorna ao antigo lar, aos núcleos de atividades passadas, onde são reexaminados os planos, permanecendo impressas as lembranças que se transformam em estímulos para o desempenho das tarefas que deve executar durante a vilegiatura material.

Noutras vezes, nos instantes de meditação e prece, os instrutores da Vida maior acercam-se e inspiram-no, assinalando o trabalho de crescimento espiritual com os recursos da coragem e do amor, graças aos quais ele se emula à ação edificante.

Mantendo contato direto com amigos e companheiros de lide espírita, por diversas vezes buscamos despertar-lhes as recordações dos compromissos assumidos, de modo a infundir-lhes ânimo e empenho no prosseguimento dos serviços aos quais se afeiçoam, ao mesmo tempo que rogávamos o apoio e as bênçãos do Senhor.

Atendendo aos pedidos procedentes de vários desses amigos, encorajamo-nos a reunir, no presente volume, algumas das mensagens psicofônicas e psicográficas, transmitidas em períodos diferentes, ao longo de quase uma vintena de anos, com o objetivo de facilitar-lhes o reexame e a reflexão em torno destas.

Não tivemos preocupação de colocá-las em ordem cronológica, não obstante cuidamos de classificá-las obedecendo ao critério de: pessoais, para grupos, para públicos, por ocasião do encerramento de palestras e conferências proferidas pelo médium, e durante as reuniões do Conselho Federativo Nacional, da Federação Espírita Brasileira, buscando recordar os deveres assumidos antes do berço, que deveriam ser vividos e desdobrados, apesar das dificuldades, dos problemas e desafios existenciais.

São páginas modestas, portadoras de ternura e encorajamento, estruturadas nas lições de Jesus Cristo e da Codificação Espírita, seguindo a orientação evangélica, sempre atual e necessária para o desempenho feliz das atividades programadas.

Tivemos em vista, ao ditá-las, contribuir com a própria experiência de militante da Doutrina Consoladora, na condição de servidor humílimo, porém interessado no bem geral.

Esperamos que estes recados do coração cheguem aos seus destinatários e consigam atingir a finalidade a que os destinamos com devotamento.

Salvador, 10 de setembro de 1990.

BEZERRA DE MENEZES

1
SÚPLICA

SÚPLICA

S enhor,
Convidaste-nos a viver o clima de fraternidade, quando estrugem os conflitos dissolventes e se estabelecem os combates ignominiosos.

Elegeste-nos para o labor de edificação do Reino de Deus, quando falecem as aspirações do sentimento humano no tresvariar da civilização hodierna.

Impuseste-nos o ensejo renovador, no qual encontramos a diretriz de felicidade intransferível, quando nimbos borrascosos se acumulam nos céus da cultura ética da sociedade.

Estabelecestes o roteiro de renúncia pessoal em favor da solidariedade humana, quando o poder, conduzindo o ginete da guerra, espalha a escravidão sob pretextos injustificados na dominação arbitrária da economia internacional ou por meio das imposições que denigrem os sentimentos de liberdade humana.

Chega a nossa vez de desvelar-Te, arrancando-Te das paisagens obscuras do passado, para colocar-Te na condição de Líder Insuperável que comanda os homens pelo amor, levantando barreiras ao ódio e diluindo todas as expressões viróticas, que são efeitos do egoísmo, ou através do incêndio no qual fazes arder os sentimentos que estavam adormecidos antes de encontrar-Te.

Ajuda-nos, Senhor, a fazer jus à responsabilidade com que nos dignificas, a servir com acerto sob o Teu comando e a laborar com dedicação, seguindo-Te em paz.

Há diversões pelo caminho, veredas atraentes, que são de alucinação e equívoco, na paisagem imensa que nos convida, fascinante; no entanto, rica de calhaus, de dardos pontiagudos e de abismos disfarçados...

Faz-se-nos necessária a Tua orientação constante, para que nos não detenhamos ou não venhamos a rumar pela trilha que nos levará ao corredor da alucinação...

Por isso, Senhor, nessa oportunidade, como antes, exaltamos-Te a figura impoluta e dizemos-Te que aqui estamos, aguardando a Tua palavra de ordem, para implantar, dentro de nós mesmos, o primado do Espírito imortal e espalhar, em derredor, este reino de esperanças com que nos acenas.

Faze que logremos o êxito, na tentativa que se repete, hoje, sob as bênçãos luminescentes da Doutrina Espírita, o Consolador que nos mandaste, para alcançarmos o clímax da felicidade por que anelamos.

2
ROGATIVA DE ESPERANÇA

Senhor,

No momento grave que todos vivemos, renteando com a dor e ante o deslumbramento das ciências avançadas, voltamo-nos para o Teu Evangelho de vida eterna, buscando as soluções.

Desafiando as inteligências, os problemas intrincados do comportamento surgem ameaçadores, parecendo levar de roldão a cultura, a ética e a civilização. Não obstante, confiados na Tua promessa de que ficarias conosco até ao fim, permanecemos na inteireza do ideal espírita, trabalhando, otimistas, por um mundo melhor.

Enfrentando as complexidades da hora de transição do planeta, abrimo-nos ao amor iluminado pelo conhecimento espírita, na certeza de que amor é depositário dos recursos que solucionarão todas as dificuldades.

Utiliza-Te de nossa fragilidade, que é tudo de quanto dispomos para oferecer-Te, trabalhada, entretanto, com o material da fé racional e do sentimento esclarecido com que edificaremos o mundo melhor de amanhã.

Viajores fracassados que somos dos séculos passados, reunimos, na atualidade, os frutos amargos da sementeira ancestral, numa colheita de aflição e de provas. Todavia, encontramos também as estrelas luminosas que fulguram nesta grande noite, apontando-nos o rumo, que são Teus mensageiros, ora corporificados nas artes, na Ciência, na Filosofia, na abnegação e na fé, para servirem de *pilotis* sobre os quais será erguido o templo da fraternidade universal.

Jesus, porque não desdenhaste a cruz, embora vivesses no sólio dos astros, ensina-nos mansidão e candura, no madeiro das nossas próprias faltas, antecipando a madrugada libertadora da nossa ascensão com as asas da sabedoria e do conhecimento na direção do Teu amor.

Abençoa não somente os equivocados, mas também os que comprometem as consciências e destroem as esperanças.

Apiada-Te dos caídos, todavia compadece-Te, igualmente, dos que derrubam os outros e passam, aparentemente, incólumes.

Socorre os infelizes, sem embargo distende a Tua Misericórdia sobre os infelicitadores, porque todos eles, os que corrompem e infelicitam hoje, não fugirão da consciência ultrajada, retornando ao carreiro das aflições purificadoras...

Por fim, faze de nós exemplos da Tua Mensagem, nesta hora de fé espírita, nesta antemanhã de uma Humanidade mais feliz, para que despertemos além das sombras, sem dor e sem amarguras...

3

OPORTUNIDADE DE REDENÇÃO

REDENÇÃO

OPORTUNIDADE DE

S enhor!
Ensina-nos a santificar o trabalho.
Confiaste-nos as tarefas de redenção e agora nós Te rogamos a oportunidade de exercê-las com enobrecimento e valor.

Tua voz nos chega, conclamando-nos ao processo de redenção, todavia, esmagados pela volúpia do egoísmo, não temos sabido valorizar a oportunidade sublime.

Aprendemos, Contigo, luta e sacrifício, abnegação e caridade. Apesar disso, ainda nos detemos nas lutas das paixões insensatas, longe da ação libertadora e do bem que santifica.

Hoje, clarificados pelo Teu Evangelho, fazemos uma pausa para escutar-Te melhor no imo da alma, e podermos seguir-Te despojados das exterioridades deprimentes, às quais nos detemos amarrados.

Praza a Ti, Senhor, que aqui, na oficina de luz, dedicada ao ministério do amor, possamos encontrar-nos Contigo, para que nos ensines a nos encontrarmos com nós mesmos, alterando, em definitivo, a diretriz das aspirações que nos retêm na retaguarda.

Amigo dileto.

Lá fora há tempestade! Faze que aqui haja paz.

A violência corre nas avenidas do mundo. Ajuda-nos a manter a harmonia interior, a fim de abrandarmos as consequências da rebeldia.

O desespero cavalga os instintos agressivos e as cidades se transformam em megalópoles de agonia! Concede-nos a honra imerecida de plasmar o amor aqui dentro, para que ele vá, logo depois, reunindo os destroços ainda fumegantes e edificando o santuário da harmonia geral, no qual habitas, assim amparando o coração agoniado dos sobreviventes.

Não Te pedimos, Senhor, a terapia preventiva que temos buscado através dos séculos, por impossibilidade de consegui-la.

Silenciamos as nossas ansiedades para suplicar-Te oportunidade de redenção e ensejo de trabalho que nos cumpre santificar em Tua Casa de Amor.

Sê, por isso, o hóspede invisível do nosso lar, o conviva especial do nosso templo, aqui recebendo os refugiados da agonia e os necessitados de esperança, apontando-lhes o rumo, caso não estejamos em condição de fazê-lo em Teu Nome.

Senhor!

Esta é a casa que Te oferecemos em nome do amor, para que Teu Amor aqui estabeleça as bases da Era Nova que nos cumpre viver.

(Página psicofônica recebida no dia 6 de outubro de 1979, no Centro Espírita Bezerra de Menezes, em Santo André, São Paulo, quando da inauguração da sede nova.)

4

COMBATE À MEDIUNIDADE

Periodicamente, na Terra, a mediunidade padece de rude perseguição, com que as forças representativas da treva e da ignorância pretendem silenciar o intercâmbio com a Vida além das fronteiras carnais.

Do apedrejamento puro e simples da Antiguidade às fogueiras e aos cárceres medievais, das acusações de feitiçarias às diagnoses de histeria e loucura, os médiuns sofrem hoje, nos próprios arraiais do Movimento Espírita, insidiosa campanha por parte de companheiros invigilantes ou presunçosos.

Dizendo-se arrimados nas conclusões das modernas ciências da psique, não se dão conta de que agem, quando agridem a mediunidade com Jesus, na condição de instrumento dócil das Entidades perversas, que deles se utilizam, dando continuidade com aparência nova à antiga perseguição de que nem sequer Jesus foi exceção...

Exigem provas, suspeitosos, asseverando que onde se fazem presentes não medra o fenômeno mediúnico, porque ali este não ocorre, esquecidos de que, em verdade, pessoas há, neutralizantes ou fortemente dirigidas por hábeis verdugos da Erraticidade inferior, que se comprazem em criar problemas e dificuldades na gleba da esperança.

A mediunidade com Jesus é porta de libertação e medicamento salutar, consolo poderoso e diretriz de segurança para todos nós, desencarnados e encarnados, a serviço da Vida maior.

De poucos recursos ou de alta potencialidade, a faculdade mediúnica colocada na ação do bem é portal luminoso em favor dos que marcham na direção do futuro melhor.

Obviamente que o estudo deve constituir uma bússola para todo médium. No entanto, a ação da caridade é-lhe a meta essencial.

O conhecimento do mecanismo da própria faculdade, bem como as técnicas para o seu sadio exercício devem constituir ponto de segurança no cometimento medianímico. Sem embargo, a vivência cristã, mediante correta conduta espírita de solidariedade fraternal, o verbo edificante nos lábios, sem ironia nem azedume, no exercício da misericórdia, constituem base para a segurança do médium e o êxito do ministério da mediunidade.

A prática mediúnica é de relevante utilidade nos dias atuais, como o foi no passado e será no porvir.

Graças à Revelação Espírita, no seu nobre compromisso de Consolador, surgiu a metodologia para o labor mediúnico que, convenientemente aplicada, resguarda dos perigos a que se expunham, no pretérito, os portadores desse abençoado instrumento de caridade e luz, propiciando-lhes saúde, discernimento e paz.

Sempre houve, como haverá, acusadores e céticos nas diversas camadas humanas e nos múltiplos períodos da evolução do pensamento, a quem a morte espera, recebe e demonstra, com o rigor da realidade, a legítima vitória da vida após o túmulo.

Estejam atentos os fiéis trabalhadores do Evangelho, a fim de prosseguir no serviço do Cristo de Deus, sem se perturbarem com quaisquer acusações que lhes cheguem, mantendo pura a consciência e servindo sem cansaço à mole humana, que tanto comovia Jesus e, ainda hoje, é o Seu fanal.

Maria de Nazaré revelou a excelência da mediunidade sublime.

Saulo, embora a honesta fidelidade ao mosaísmo, saiu a matar, dirigido por mentes impiedosas, até o momento em que Jesus, utilizando-lhe as faculdades, chamou-o para a vida nova, tornando-o o grande libertador de consciências e pregoeiro da Verdade.

João, o Batista, excedendo-se nas invectivas contra Herodes e Herodíade, que viviam em lamentável conúbio obsessivo, caiu nas malhas da própria impiedade por não ter usado de misericórdia para com os infelizes em erro, padecendo a decapitação.

Pedro, aturdido em face da mediunidade atenazada, entregou-se à caridade após a negação e se tornou o médium da Igreja Viva e Sublime da Espiritualidade, experimentando incomparáveis momentos de comunhão com Jesus, após o túmulo, até o momento da libertação final.

Exercitemos a mediunidade com abnegação e humildade, amando e servindo sem cessar, enquanto os semeadores da perseguição e da calúnia perturbam as mentes fracas, dominam as almas afins, e, produzindo no bem, oremos por eles, nossos irmãos obsidiados sem o notarem, amando-os e perdoando-os, de nossa parte prosseguindo com Jesus, para Jesus e por Jesus, sem cansaço nem receio, conforme as vigorosas recomendações de Allan Kardec, no luminoso postulado: "Fora da Caridade não há salvação".

5

DETERMINISMO ESPIRITUAL

Q ue nos abençoe Jesus, o Mestre por excelência! Não nos reunimos por acaso neste momento. Antes, reencontramo-nos diante do programa da vida para dar prosseguimento a tarefas adrede estabelecidas com objetivos relevantes.

A reencarnação, que vos trouxe de retorno, é oportunidade sublime para recomeçardes, retificando equívocos e traçando parâmetros de comportamento salutar com metas superiores da Vida.

Vinculados ao passado arbitrário, renteais com dificuldades inesperadas e com ensejos de reparação, que vos constituem desafios que não podem ser postergados no mapa da ascensão espiritual.

Por esta e outras razões, enfrentais, cotidianamente, situações paradoxais, perturbadoras. No momento, a alegria que extravasa no sorriso, para logo depois a compulsão às lágrimas de frustração ou de amargura.

Ocorre que a Terra permanece o "planeta de provas e de expiações" onde todos forjamos, na força dos ideais e na fornalha do sacrifício, os *metais* do Espírito para os empreendimentos libertadores.

Muitos de nós assumimos compromisso com Jesus, que não temos sabido levar adiante com a elevação que seria de desejar. Prometemos entre sorrisos, para nos desculparmos entre lágrimas pela sua não execução.

Assumimos responsabilidades com a alma enriquecida de esperança, para depois, com o peito intumescido de amargura, debandarmos noutras opções inesperadas.

Preparamo-nos para realizar entre júbilo e ansiedades libertadoras, e depois nos escusamos sob justificativas inexplicáveis de deserção.

Até quando, meus amigos, será necessário que os mártires sejam levantados no madeiro da infâmia ou conduzidos ao martírio da renúncia para que nos sensibilizemos pelo amor e nos entreguemos ao sacerdócio da solidariedade?

Quando serão os homens conscientizados da transitoriedade do corpo e da perenidade da vida?

Vós, que conheceis a revelação da imortalidade e já privais dos colóquios espirituais, confortadores e libertários, tomai tento!

Vive-se hora singular na estrutura do planeta.

A família, a sociedade, o homem padecem constrições dantes jamais sonhadas: a grandeza da inteligência, o pantanal do sentimento; glórias das conquistas externas e perdas irreparáveis dos valores íntimos.

O homem ganha o cosmo, e perde a paz interior.

Alça-se às cumeadas do progresso, e perde-se no labirinto de si mesmo.

Indispensável uma retomada de consciência, porquanto todos estais retornando para casa. Cada minuto corporal abrevia a estância física, mas brinda experiência, facultando aprendizagem e entesouramento de louros, encurtando a estância carnal.

É, portanto, imperioso que a reflexão mais profunda substitua, em determinados espaços de tempo, as estações permanentes da vacuidade.

Assim nos expressamos, porque pedis ao Mundo espiritual roteiro, rogais diretriz, aguardais condução para os vossos passos.

É natural que vos falemos com sentimento paternal de amigo experiente da vida, que a considera de *cá* para *aí*, da visão espiritual para a transitoriedade orgânica.

Não obstante, meus amigos, observamos o vosso empenho e esforço para a consecução da programática traçada.

Sabemos que não é fácil o desempenho das tarefas relevantes.

Já transitamos pelo escafandro carnal. Não nos é desconhecida a vilegiatura orgânica. Não atravessamos os pélagos da vida física sem a *barca* do sofrimento conduzindo-nos pelo rio das tentativas do progresso. E é porque falamos a mesma linguagem da dor e da esperança, dos testemunhos e das expectativas que não nos furtamos a estas considerações de amizade e de advertência.

Investi na alma, nas realidades do Espírito!

Aplicai na Vida eterna! Viajores do tempo, sois também viajores da eternidade, abrasando-se no ideal da verdade, abraçando o roteiro para a Luz.

Vossos familiares queridos, que vos anteciparam nesse roteiro de libertação, aqui estão conosco, afetuosos e gentis, cantando hinos de glória à vida em favor dos vossos cometimentos.

Sintonizados com eles, avançai; vinculados com eles, porfiai; no afeto deles, vivei!

Vieram antes. Apartaram-se do corpo, não, porém, de vós.

Viajaram com data marcada, é certo, como a dizer que chegará o momento de cada retorno, e isto deve ser considerado com a responsabilidade que nos merecem os valores da vida, ensejando a perfeita identificação com o bem.

Nesta manhã de paz, de esperança e de fraternidade, reformulemos conceitos e revisemos aspirações, reprogramando nossos passos, nossas vidas.

Jesus, meus amigos, permanece o mesmo, o Amigo de sempre, de braços abertos aguardando por nós.

Esteve conosco. Soa o momento de irmos ter com Ele. Esforcemo-nos e sigamos!

Utilizando desta hora espiritual, soergamo-nos na prece silenciosa, para que as benesses de Mais alto chovam sobre nós, ajudando-nos na saúde combalida, inspirando-nos nas decisões difíceis, apoiando-nos nas programações complexas. Oremos!

Sois herdeiros da verdade e do bem.

Tendes diante de vós os tesouros infinitos da Excelsa Misericórdia.

Inspirados pelo sadio contentamento, demo-nos as mãos, Espíritos e homens, rumando aos acumes da paz, depois das renhidas lutas travadas.

6
HERANÇA DIVINA

S enhor Jesus,
Joelhos desconjuntados, carnes esfaceladas, permanecemos na boa luta de nossa redenção, erguendo um mundo de esperança para amanhã.

Somos os herdeiros da Tua Misericórdia, não obstante, trêmulas as mãos da alma, não logramos servir-te como desejamos.

Apiedado das nossas imperfeições, tens alongado o olhar benigno e diminuído as nossas penas.

Ajuda-nos, mais uma vez, neste momento de comunhão espiritual, a fim de que Te possamos servir com a abnegação necessária à nossa libertação interior.

Permite que os Espíritos generosos que sempre nos socorrem venham ter conosco, mais uma vez, neste momento, Senhor, amenizando a aspereza da nossa luta.

7

SENDA LUMINOSA

S enhor,
Apiada-Te dos Teus servos fiéis, cansados das estradas
impérvias...

Eis-nos de volta à senda luminosa do auxílio para trabalhar Contigo, erigindo o altar da própria santificação.

De forças exauridas, em face das vicissitudes negativas, retornamos para o recomeço, ao influxo da Tua Excelsa Misericórdia, que se apiada das nossas necessidades múltiplas.

Não é esta a primeira vez que Te prometemos fidelidade, para logo depois debandar, permutando o dever austero pela insensatez.

A repetição dos nossos fracassos nos desanima; o insucesso é comensal dos nossos planos e a fragilidade de propósitos é companheira das nossas aspirações renovadoras. Não obstante, Senhor, reconvoca-nos ao ministério do bem, que é a fórmula única do nosso encontro com a consciência, mediante o labor de renovação libertadora.

Praza a Ti que nesta tentativa nova não venhamos a comprometer lamentavelmente, deformando a crença que nos exorna o Espírito estúrdio, restringindo-a a problema de rotulagem vã, antes a tornando de qualidade excepcional para a liberação dos nossos vícios, quando na subida pela montanha da dignificação evangélica.

Com Allan Kardec aprendemos que fé é exercício de caridade, e caridade é luz acesa sobre o combustível da fé, norteando passos.

Contigo já havíamos aprendido a trilhar pelo caminho da libertação, no entanto Kardec nos trouxe a metodologia para atingir a meta que nos apontamos desde há muito.

Apiada-te, portanto, de nós e ajuda-nos, Senhor, para que não nos embaracemos no cipoal que nos retém na retaguarda e possamos, em definitivo, romper com os vícios que nos obstruem o caminho, fazendo a viagem no rumo seguro da Tua Misericórdia.

Meus filhos:
Sirva-nos o momento de reflexão como diretriz de segurança.

Constitua-nos a Doutrina Libertadora a chave mestra para a decifração dos enigmas da vida e a reabertura dos cadeados que nos prendem ao pretérito culposo.

Doutrina Espírita, não nos equivoquemos, é o Cristo de novo, é o Sol Renovador, é oportunidade libertadora.

Avançar, mesmo que de coração dorido e mãos dilaceradas, com os "joelhos desconjuntados", como asseverava o Apóstolo das gentes, é dever impostergável, que nenhum de nós tem o direito de adiar.

Com o Espírito iluminado pela fé renovadora e atado ao compromisso do dever, avancemos trabalhando, a fim de aprendermos a perdoar para amar melhor, culminando na nossa destinação gloriosa, que é a paz libertadora.

8

CRIANÇA E FUTURO

A criança, hoje, abençoado solo arroteado que aguarda a semente da fertilidade e da vida necessariamente atendida pela caridade libertadora do Evangelho de Jesus, nas bases em que Allan Kardec o atualizou, é o celeiro fecundo, que se abarrota de esperanças para o futuro.

Criança que se evangeliza – adulto que se levanta no rumo da felicidade porvindoura.

Todo investimento de amor, no campo da educação espírita, tendo em vista a alma em trânsito pela infância corporal, é valiosa semeação de luz que se multiplicará em resultados de mil por um...

Ninguém pode empreender tarefas nobilitantes, tendo as vistas voltadas para a Era Melhor da Humanidade, sem um vigoroso empenho na educação espírita do pequenino da atualidade.

Embora ele seja um Espírito em recomeço de tarefas, reeducando-se, não raro, sob os impositivos da dor em processo de carinhosa lapidação, é oportunidade ditosa, que surge como desafio para o momento e promessa de paz para o futuro. Isso porque sabemos que a infância é ensejo superior de aprendizagem e fixação, cabendo-nos o mister relevante de proteger, amparar e sobretudo conduzir as gerações novas no rumo do Cristo.

Esse cometimento-desafio é-nos grave empresa, por estarmos conscientizados de que o corpo é concessão temporária, e a jornada física, um corredor por onde se transita, entrando-se pela porta do berço e saindo-se pela do túmulo, na direção da Vida verdadeira.

A criança, à luz da Psicologia atual, não é mais o "adulto em miniatura", nem a vida orgânica representa mais a realidade única, em face das descobertas das modernas ciências da alma.

Ao Espiritismo, que antecipou as conquistas do conhecimento, graças à revelação dos imortais, compete o superior ministério de preparar o futuro ditoso da Terra, evangelizando a infância e a juventude do presente.

Em tal esforço, apliquemos os contributos da mente e do sentimento, evocando o Senhor quando solicitou que deixassem ir a Ele as criancinhas, a fim de nelas plasmar, desde então, mais facilmente e com segurança, o "Reino de Deus" que viera instaurar na Terra.

9

INFÂNCIA

A infância é o sorriso da existência no horizonte da vida. Representa esperança que o pessimismo não pode modificar. É mensagem de amor para o cansaço no refúgio do desencanto, fulgindo no sacrário da oportunidade nova.

É experiência em começo que nos compete orientar e conduzir.

É luz a agigantar-se, aguardando o azeite do nosso desvelo.

É sinfonia em preparação... Nota solitária que o Músico Divino utilizará na sucessão dos dias para a grande mensagem ao mundo conturbado.

Atendamos o infante oferecendo, à manhã da vida, a promessa de um futuro seguro.

Nem a energia improdutiva.

Nem o carinho pernicioso.

Nem a assistência socorrista prejudicial às fontes do valor pessoal.

Nem a negligência em nome da confiança no Pai de Todos.

Nem a vigilância que deprime.

Nem o arsenal de descuidos em respeito falso ao futuro homem...

Mas, acima de tudo, comedimento de atitudes com manancial farto de recursos pessoais e exemplos fecundos, porquanto as bases do futuro encontram-se na criança de hoje, tanto quanto o fruto do porvir dormita na flor perfumada de agora.

Cuidemos do infante, oferecendo o carinho fraterno dos nossos recursos, confiados de que um dia seremos convidados a oferecer ao Pai Misericordiosos o resultado da nossa atuação junto àquele cuja guarda esteve aos cuidados do nosso coração.

10
AVAREZA

São avaros os ricos de moedas que se olvidam dos carentes de pão.

A avareza tipifica os portadores de títulos, de pedras preciosas e metais nobres, enquanto campeia a dor por ausência de socorro.

São avaros os potentados terrestres que usufruem dos recursos que a vida lhes empresta, sem recordarem dos que enxameiam na miséria ao derredor, vitimados pela escassez que os devora.

A avareza está presente nos portadores de notas fiduciárias acumuladas em cofres-fortes da usura, ante os celeiros vazios de grãos para as multidões esfaimadas.

São avaros os que dispõem de saúde física e mental, e a desperdiçam nos jogos da egolatria e do prazer pessoal, sem a coragem de a investir em benefício da enfermidade que está rogando ajuda.

Há avareza do poder, com estranho olvido pela fragilidade do necessitado.

São avaros os que brilham na arte e poderiam converter os tesouros de que se fazem objeto, para enriquecer de belezas os que ainda estão mergulhados na brutalidade do primitivismo, vendendo a alma, na miséria que os ensandece.

Há avareza na beleza física jogada ao comércio da carne, quando poderia transformar-se em luzeiro para atrair os que perderam a alegria de viver e sucumbem nas depressões nefastas e nas psicoses corrosivas.

São avaros os que, dotados da palavra fácil, portadora de luz, encarceram-na no silêncio da vaidade aniquiladora, ou da crítica mordaz que destrói com azedume, antes que edifique vidas.

A avareza se caracteriza pela conduta de quem apenas vê o seu lado, a desserviço dos objetivos da vida de quem aguarda o ensejo para prosseguir.

Avaros são todos aqueles que vertem para si, que desfrutam em torno de si e que vivem para si.

A avareza é câncer que corrói interiormente as vidas destituídas de ideal imortalista e de finalidade superior.

Zaqueu, apesar de tachado de avaro, subiu ao sicômoro para descer-subindo os degraus da Vida maior, ao receber Jesus no seu lar.

A licenciosa Maria de Magdala, avara de gozo, desceu do pedestal da sensualidade para ascender às traves da morfeia redentora, ao chamado de Jesus.

Há *avareza* em Nicodemos, projetado na corte superior do Sinédrio, que percebeu, no Mestre, o Messias ideal e arrebentou as algemas da posição equivocada para fazer do seu diálogo o legado da vida eterna à posteridade.

O *avaro* José de Arimateia abriu, na montanha, um sepulcro novo para si, mas doou-o ao Senhor para repouso transitório no *Vale da Morte*, tornando-se dispensador de esperanças na ressurreição gloriosa.

Há *avareza* naqueles que se enganaram a si mesmos, porém, ao ouvir o verbo esplendente de verdades do Pegureiro da Luz, entregam-se-lhe e adquirem a generosidade libertadora que se transforma na catapulta que os alça ao Reino da Paz.

Avaro e avareza estão presentes em todas as épocas da Humanidade.

Cumpre-nos, a nós que conhecemos Jesus, não encarcerar o Divino Verbo no gabinete da cultura ociosa, algemar-Lhe a Mensagem na presunção ególatra ou asfixiar-Lhe o Verbo Divino nas investigações sistemáticas e infindáveis das buscas já ultrapassadas...

Jesus é o libertador dessa avareza, a qual vem gerando na Terra os senhores de coisa nenhuma, escravos de si mesmos, possuidores de ilusões e presidiários das paixões dissolventes.

A Doutrina Espírita, que nos chega, na condição de legado que Ele anunciou para a Era Nova, ensina-nos a aplicar cada talento, por mais insignificante ou desprezível, a fim de que se multiplique em uma seara rica de esperança em benefício da sociedade toda.

É avaro, sim, quem pisoteia o alheio sentimento.

Também o é quem dele faz degrau para ascender na busca de questões pessoais.

Ainda se lhe vincula aqueloutro que olvida o dever da gratidão e tem em mente a insensatez de supor-se credor de todas as concessões.

Persevera nela o que busca para si, e, ávido de reunir mais, deixa passar a oportunidade de semear no solo ubérrimo das necessidades do próximo.

A avareza fermenta as vidas e enlouquece.

Avaro pela posição que desfrutava, Pilatos se acovardou; Anás acusou; Caifás mandou-O de um para outro lado.

Avaro, Judas vendeu-O, e, num momento de tibieza avara, para não perder o corpo transitório, Pedro O negou, porém, rico pelo desejo de reabilitação, deu-Lhe a vida e permitiu-se crucificar de cabeça para baixo nos montes vaticanos, mais tarde.

Que a nossa seja a ânsia de servir e doar, de amar e prosseguir, de renunciar a nós mesmos para ajudar quem mendiga, quem necessita e quem apenas se apresenta em carência, e não se atreve a pedir.

Ricos, sim, todos o somos, da Graça de Deus, e ninguém há que se possa eximir da santa missão da caridade que salva, que se inicia num gesto íntimo em forma de aspiração e se concretiza num desejo que se transforma em ação.

Rico de amor, Jesus veio até nós, e Saulo, *avaro*, recebendo-Lhe o apelo, enriqueceu-se de luz e deu-se-Lhe em totalidade de abnegação, para tornar-se um símbolo, um exemplo de que as nossas maiores necessidades são Jesus e o Reino dos Céus.

11

JESUS E OS HOMENS

Meu irmão!
Ninguém que a Ele se comparasse...
Homem Ideal, veio ter conosco e nunca nos abandonou.

Antes d'Ele, a Terra recebeu a presença dos grandes construtores de impérios, dos demolidores de civilizações...

Passaram Alexandre Magno, da Macedônia; Aníbal, o Cartaginês; Xerxes, o Persa; Cipião, o Africano...

Esmagaram impérios! Ergueram civilizações!

Enquanto os seus carros triunfantes transitavam, a ovação dos que os homenageavam não conseguia abafar o soluçar das vítimas inermes, as lágrimas dos órfãos, a dor dos velhinhos em desvalimento e o desprezo pelos cadáveres insepultos...

Depois deles, outros guerreiros vieram à Terra.

O mundo conheceu Átila, o Huno; Alarico, o Visigodo; Gêngis Khan e os grandes cabos de guerra, os técnicos da estratégia militar...

Todos eles elegeram os triunfos nos impérios transitórios, que agora esboroaram as ilusões: pedras acumuladas, capitéis famosos quebrados, túmulos abertos, em cuja sombra o vento canta, as serpentes fazem ninhos e as aves agourentas entoam sua melopeia triste.

Ele veio e ficou!

Nascendo numa estrebaria modesta, transformou o local dos animais em um berço de luz.

Esteve transitoriamente entre os homens e nunca destes se apartou.

Ninguém igual a Jesus!

Lembra-te de Jesus, meu amigo, em todos os dias da tua vida.

Seus feitos são maiores do que as Suas palavras.

Os Seus silêncios são mais profundos e eloquentes do que os Seus discursos.

Os Seus não feitos são mais notáveis do que todas as realizações da História.

Não foi compreendido, mas compreendeu.

Não foi amado, porém amou.

Percorreu, no máximo, quatrocentos quilômetros a pé. Sua voz, no entanto, alcançou a História da Humanidade desde o dia em que saiu a ensinar.

É verdade que foi pregado numa cruz. Ao sê-lO, transformou o instrumento de misérias em duas asas que se alçaram às cumeadas da glória.

Considerado morto, injuriado, olvidado e a sós, é, até hoje, o símbolo do triunfador não conquistado.

Consola a Humanidade há dois mil anos.

Nenhum labéu. Nenhuma queixa.

Jesus é a ponte de união entre a Terra e os Céus. É o apelo vivo para que se superem todas as dores e angústias.

Lembra-te d'Ele no momento tremendo de tuas aflições e dialoga com Ele no silêncio das tuas mágoas.

Quiçá não o escutarás pela acústica exterior; todavia, terás a certeza de que Ele te falará intimamente.

Não é apenas um símbolo histórico. É a história da Humanidade dividida em duas épocas: antes d'Ele e depois d'Ele.

Nos instantes do teu triunfo, lembra-te também de Jesus.

Sejam quais forem as circunstâncias, Ele estará contigo.

E agora, neste Natal, em que a Terra, aturdida e violenta, espera por filosofias imediatistas e soluções impossíveis, deixa que Ele nasça no ádito do teu coração.

Se Ele já nasceu, permite que volte a nascer outra vez e se transforme na Sua carta viva, eloquente e bela, para atender as lágrimas e as dores do mundo, anunciando a alvorada de bênçãos a que Ele se reporta no dia triunfante da Humanidade melhor.

Lembra-te de Jesus e sê feliz, meu amigo.

(Mensagem psicográfica ao final da entrevista concedida à Televisão Gaúcha, na noite de 12 de dezembro de 1977, em Porto Alegre, Rio Grande do Sul.)

12

EXPERIÊNCIA DE LUZ

enhor Jesus,
Os Teus discípulos, reunidos em Teu nome, procuramos reacender nas almas as claridades abençoadas da Tua Mensagem.

Este tentame, que ora se encerra, repete experiências transatas que o tempo não apagou.

Mais de uma vez, pelas longas jornadas do passado, unimo-nos, objetivando estabelecer na Terra, em Teu nome, a vivência das diretrizes que traçaste, a fim de que a dor, em definitivo, batesse em retirada, cedendo lugar à esperança e à paz.

Viajores de intérminas jornadas, nem sempre coroadas de êxito, apresentamos propósitos que não logramos culminar pela experiência e que demoram na retentiva do ontem, aguardando a continuidade, a fim de que se materializem nas experiências do futuro.

Hoje, Divino Médico de todos nós, renteando com o sofrimento que desgoverna a consciência social da Terra, aqui volvemos para tentar apresentar-Te a mensagem de luz situada nas doutrinas do conhecimento humano, também por Ti inspiradas, a fim de que os preconceitos vazios, a intolerância e a jactância transitória cedam lugar à humanidade, à convicção baseada na sobrevivência do Espírito, com vistas ao futuro glorioso da Humanidade.

Praza a Ti que venhamos lograr êxito no cometimento atual.

Os discípulos da Doutrina Espírita retornam ao cadinho purificador da experiência, repetindo a jornada da investigação científica, para que melhor situem os compromissos da Boa-nova, numa diretriz segura e capaz de vencer todas as circunstâncias e idiossincrasias que o tempo vem acumulando na memória dos séculos...

Abençoa-os, abençoando-nos, portanto, Senhor, neste momento em que o equilíbrio parece partir da Terra e o desvairamento toma conta dos homens.

Permite que a Tua Mensagem, lenificando e, ao mesmo tempo, cantando a emoção da liberdade íntima do homem, possa colimar este objetivo que abraçamos – criar a Era Nova do Espírito imortal, em definitivo, na Terra.

As tentativas feitas são os ensaios das realizações do amanhã.

Da mesma forma que a edificação imponente começa na primeira tentativa de fazer o alicerce, aqui os Teus operários do amor e da investigação honesta estão trabalhando o solo adusto dos tempos para colocar as bases do edifício de sabedoria do amanhã.

As emoções que pulsam em nossas almas e a presença dos numes tutelares da nossa vida – os Embaixadores do Teu Reino – dizem-nos, sem palavras, que já nos encontramos no dealbar dos tempos anunciados, que, não obstante a claridade que nos enseja, exige-nos abnegação e renúncia.

Estes Teus discípulos não anelam pelos louros enganosos do cotidiano; não pretendem reformular, nem mudar...

À Tua semelhança, desejam submeter-se à lei, viver o amor, mas apresentar a mensagem das vozes dos Céus em direção ao futuro, em termos compatíveis com os avanços do conhecimento, a fim de que a Tua Mensagem logre, de uma por todas as vezes, encontrar lugar ao sol, para que não mais haja treva nas consciências humanas.

Apiada-Te, porém, dos nossos equívocos, certamente todos eles sem o propósito de engano, e faze, Divino Amigo, que, ao se repetirem essas experiências em que se buscam luz e mais luz, Tu sejas o Divino Orientador, governando-nos a inspiração, inspirando-nos o caminho e conduzindo-nos pela rota.

Ao encerrar-se esta III Prévia da I Jornada de Psiquiatras e Psicólogos Espíritas, ensina-nos a confiar, a esperar, para melhor acreditar.

Ensina-nos a submeter à Tua Misericórdia a nossa vontade, mas não nos deixes cair no marasmo, no desânimo ou na acomodação.

Evangelho é luta, é inconformação com o existente, em prol de um porvir melhor.

Desse modo, Senhor, pretendendo reengajar-nos nas Tuas hostes, recebe-nos de volta, seguindo conosco pela trilha abençoada em prol de um porvir ditoso, de um futuro melhor por que todos esperamos.

Praza a Ti que estas e outra aspirações superiores se convertam em realidade e permite que o diretor dos nossos trabalhos e desta realização os encerre sob a Tua égide abençoada e querida.

(Prece de encerramento da III Prévia da I Jornada de Psiquiatras e Psicólogos Espíritas, realizada na cidade de Presidente Prudente, São Paulo, no Hospital Psiquiátrico Espírita Bezerra de Menezes, em 8 de janeiro de 1978.)

13

HONRA MÁXIMA

M eus filhos, meus irmãos,
A maior honra de nossa vida é o encontro com a
Doutrina Espírita, que nos desvelou Jesus, que no-
-lO trouxe *descrucificado*, que nos deu aquele amoroso Amigo de todos nós, o afável companheiro das nossas horas de
amargura, que participa das nossas dores, que vive conosco, que nos ama e que não se afadiga, nunca se cansa, porque espera por nós.

Na oração inicial, o nosso jovem amigo disse dos nossos erros transatos e das nossas transatas vidas, falando das
esperanças futuras e pedindo as futuras bênçãos...

Digamos nós, assim:

Senhor!

*Aqueles que Te procuram sempre vêm pedir, mas hoje nós
Te queremos dar.*

*Doamos o que há de mais puro em nós, que é o nosso
amor, a fim de transformá-lo em doação total de vida, para
que a dor da Terra parta, permitindo aos homens realizarem
o seu fanal superior.*

Senhor!

É tão pouco o que Te podemos dar, não obstante damos--Te a nossa vida, que é tudo o que temos.

Através dos tempos, os homens deram-Te as coisas transitórias do mundo: ouro e mirra, incenso e tapeçaria. Nós Te oferecemos a vida para a glória do Teu serviço na Terra.

Transforma-nos em instrumentos dúcteis da Tua vontade, a fim de que a claridade do Teu Evangelho esplenda nos corações.

Tu, que nada tiveste na Terra, és, no entanto, o dono de tudo.

Carregaste a cruz, mas governas a Terra; és o Rei Solar, e não encontraste um lugar no mundo...

Apiada-te de nós, os Teus discípulos imperfeitos, e abençoa aqueles que Te não amam, por enquanto...

Senhor, aqui está a floração da juventude, suplicando-Te amor. Dá-nos a Tua mercê, hoje e sempre.

Meus filhos, muita paz.

(Mensagem psicofônica recebida após o diálogo mantido com os jovens da Companhia de Navegação do Estado do Rio de Janeiro – CONERJ, na manhã de 21 de fevereiro de 1982, na cidade do Rio de Janeiro.)

14
Momento histórico

Meus amigos, meus irmãos,

Vivemos um momento histórico de definições de atitudes, que nos levem ao imediato cumprimento dos nossos deveres.

A Doutrina Espírita é a luz que vem do alto abençoar os caminhos difíceis da jornada redentora; a promessa de Jesus torna-se realidade.

Eis que chega no momento previsto, quando as dificuldades se nos fazem cruciais, e a vivência, mais áspera.

Cumpre-nos desvestir-nos dos atavios que nos exornavam a personalidade primitiva, para utilizarmos a *túnica* da fraternidade que nos aproxima uns dos outros, na condição de ovelhas do mesmo rebanho.

Já ouvimos missionários inflamados que falaram do Sumo Bem, e, não obstante, após a emoção primeira, descemos os resvaladouros do crime para brandir armas contra a vida do próximo.

Voando nas bólides espaciais, ameaçamos a Terra de extinção, vitimados pelo *ego* esclerosado das nossas ambições desvanecidas...

A Doutrina Espírita é-nos o alerta, o pão e o hálito da vida, que nos chega como oportunidade de libertação de nós mesmos, para alcançarmos a Grande Luz, que dorme latente em nós.

Por isso, espíritas, irmãos e amigos, ide sem temer a cilada dos maus, porque "somente lobos caem em armadilhas de lobos".

Desbravai o continente dos corações e enfrentai os matagais dos interesses pessoais, colocando o selo da mansidão do Cristo em vossa conduta, para que o vosso amor se espraie como um bálsamo que impregna e suaviza a ardência das paixões.

Hoje, meus amigos, aqui e agora, soa o momento da nossa transformação moral.

Não posterguemos a nossa oportunidade de edificar o "Reino de Deus" em nós, mediante a construção do bem em volta de nossos passos.

Vossos amigos de ontem e de hoje, aqui conosco, saúdam-vos, conclamando-vos a esta cruzada do bem contra o mal.

Tornai-vos vanguardeiros do progresso, sob o preço da renúncia e da imolação.

Fazei-vos argonautas do amor, aplicando as moedas da dedicação e do serviço continuado.

Jesus e Kardec, Mestre e discípulo. Caminho e porta diante de nós!

...E, quando as dificuldades vos parecerem superlativas, dizei:

Senhor, fazei de nós os obreiros da fé viva, a serviço do Teu Amor.

Abençoai-nos, servos imperfeitos que reconhecemos ser, lutando contra as próprias imperfeições, nesta antemanhã de uma Humanidade ditosa, com vistas a um futuro mais feliz.

Entregando-nos, deixar-nos-emos guiar pelas Vossas sábias mãos, Benfeitor que sois de nossas vidas!

(Mensagem psicofônica recebida no Instituto Espírita Amigo Germano, em Porto Alegre, Rio Grande do Sul, na noite de 8 de setembro de 1984.)

15
APELO DE NATAL

É necessário que cada um de nós modifique a estrutura da própria alma, a fim de que Jesus nasça em nós. Quantos heróis que chegaram antes d'Ele, no ilusório carro do triunfo!

Acercaram-se do mundo, que conquistaram, ganhando os valores perecíveis.

Ele não, nada tinha, e Se deu a Si mesmo, oferecendo o Reino de Luz aos homens angustiados da Terra em sombras.

Que temos para dar a Jesus?

Ele doou-nos a paz, e nós fomentamos a guerra.

Ele nos acendeu no íntimo a luz, e nós preferimos a treva.

Oh! Senhor! Aqueles que Te encontramos, na noite santa do Natal, estamos de joelhos, em espírito, para brindar-Te o nascimento.

Nem tesouro, nem mirra; nem incenso, nem ouro; antes, oferecemos o próprio ser estiolado pela ventania e a alma crestada pela dor.

Mas somos nós, Jesus, que queremos dar, em nossa realidade espiritual.

Apiada-Te, e recebe este presente, singular e diferente, que é o nosso amor.

Hoje é o nosso dia, não amanhã.

Agora é a nossa hora, não mais tarde.

Esqueçamos, por um momento que seja, a noite moral, a tempestade devastadora, a ansiedade desenfreada, e abramos espaço para Jesus.

A *hora da viagem* é imprevisível.

Ele já veio ter conosco.

Preparemo-nos para ir ter com Ele.

(Mensagem psicofônica no encerramento da palestra proferida na Casa de Oração Bezerra de Menezes, na tarde de 21 de dezembro de 1986, em Salvador, Bahia.)

16

CONSIDERAÇÕES OPORTUNAS

S omos os obreiros que laboram em clima de redenção. Pedimos ao Senhor que nos concedesse uma enxada para o amanho da gleba, e Ele nos ofereceu um trator poderoso para um terreno abençoado.

Suplicamos que nos concedesse oportunidade de reparação, e Ele nos facultou que nos redimíssemos pelo erguimento da obra, na fraternidade universal.

Esfaimados, suplicamos que nos concedesse um peixe, e Ele, sem embargo, nos ofereceu a *vara de pescar* ante o *rio piscoso* da Sua Misericórdia.

Desejávamos um pão para a nossa fome, e Ele nos doou uma panificadora para atender a nossa e a necessidade de muitos.

Esperávamos poder lograr uma réstia de luz nas sombras em que nos debatíamos, e eis que recebemos o sol da crença para que não voltássemos a tropeçar em dificuldades, nem dissipações.

Agora desponta em nós a alegria sublime da realização operosa, em que todos os esforços são dirigidos à obra incomensurável de Seu Amor.

Tudo está em nossas mãos.

O trabalho multiplica-se vantajosamente e nossas almas estuam na febre de júbilos, porque nos encontramos a postos a Seu serviço.

Momentos de fraqueza nos assaltaram; houve dias em que a perturbação ameaçou as atividades de nosso sentimento maior; determinados instantes chegaram até nós, como se fossem os gritos do vendaval ululante ou a fúria, em tropel e desconcerto, das tempestades destruidoras.

Jesus, na *barca* do amor e da fé, sustentou-nos, apontando-nos o rumo da fidelidade ao dever, e, graças ao Seu comando, foi-nos possível vencer as águas eriçadas por escolhos, até alcançarmos o ponto de renovação e da serenidade.

É justo que exultemos, colocando em nossas mãos as flores da gratidão, porque os verdadeiros heróis se identificam ante a inclemência dos testemunhos...

O vencedor que não traga esculpida na alma a condecoração do padecimento, em forma de ferida em chaga aberta, não seria digno do título de herói, sobre si mesmo.

É por isso que, muitas vezes, não obstante chorando, sentimos Jesus lenindo as exulcerações da nossa alma e dizendo suavemente ao nosso sentimento renovador: "Bom ânimo! Lembra-te de mim, que também ofereci o tributo da própria vida, para que triunfasse o bem. Aqui estou. Prossigamos, unidos e afervorados no ideal que vem de cima, porque a transitoriedade do corpo, sua putrescibilidade, o perpassar das horas no-lo atestam, a cada instante".

Só os ideais imorredouros são dignos de se transformar na razão de nossos destinos.

Olhemos em derredor: milhares de bocas atendidas, de corpos vestidos, de anciãos socorridos, de mulheres que marchavam ao desalinho, encontrando o santuário da renovação...

É o trabalho de Fabiano atendendo mães, filhos, pais, órfãos, velhinhos e enfermos que jaziam à mercê da vida, suplicando, nos panos úmidos da miséria, os braços de Jesus.

O Senhor pediu a Fabiano que fizesse a obra, e este rogou-nos que nos transformássemos nos instrumentos da sua ação, enquanto ele nos dirigiria pela senda com a inspiração e com a Misericórdia do Pai.

Ao lado, vemos famílias que possivelmente estariam jazendo na pobreza e na dificuldade, por imprevidência de seu chefe, por precipitação dos consortes, e, de súbito, as mãos da nossa Casa chegam-lhes até o lar, levantam os aturdidos, preparam a educação dos filhos, oferecem o ninho acolhedor, realizando o ministério previdenciário-socorrista dos mais relevantes.

Jesus, por fim, penetra na Terra em uma santificadora *revolução* social, em que o bem flui e reflui em abundância, generoso e referto, em moedas de luz, em gotas de bênçãos, em rios de esperanças para os que na Terra são desafortunados.

Bem-aventurados aqueles que ouviram o chamado e seguiram a voz do seu Pastor; ditosos os que se transformaram no farol que aponta as penedias traiçoeiras, no mar agitado da vida; ditosos aqueles que compreenderam o impositivo de amar, servir, chorar e passar, cantando o hino da esperança no olvido dos corações, com os olhos fitos na Divina Justiça e na Excelsa Misericórdia.

É por isso, meus filhos, que saudamos o dia novo de trabalho com a certeza de que o amanhã será melhor do que o hoje, como o hoje nos apresenta mais tranquila a dor do que o ontem.

Não descoroçoemos!

Implantemos Jesus em nossos corações e lutemos por manter os vínculos do nosso trabalho, quais fontes inspiradoras que do Mais-alto nos socorrem com o de que temos necessidade, a fim de que a alucinação argentária, a preocupação excessiva não nos levem a competir com a metodologia destruidora de que muitos se utilizam para os enganosos triunfos da ilusão.

Mantenhamos em nossa casa o espírito vivo da solidariedade em nome de Jesus e da Doutrina Espírita, que no--lO desvela, e estaremos respondendo presente ao chamado do Senhor.

(Mensagem psicofônica dirigida aos trabalhadores de respeitável entidade que se dedica à obra de previdência social e amor fraternal.)

17
Oportunidade de serviço

M eus filhos,
Rogastes a oportunidade do serviço, e o Mestre Divino vos concedeu o trabalho edificante.

Anelastes pela realização na corrente do tempo, e o Trabalhador Infatigável vos ensejou o campo enobrecido.

Desejastes preencher as horas vazias com o esforço bem direcionado, e o Amigo Insuperável vos proporcionou a ocasião de lográ-lo.

Todos vos aplicastes na consolidação do ideal superior da mensagem libertadora, e o Doador Incessante não vos regateou recursos para o atendimento dos objetivos buscados.

Empenhastes os corações na refrega libertadora, e o Companheiro Especial vos aureolou as esperanças com a plenitude da realização.

Concluído o ministério, fazeis uma pausa de avaliação. É compreensível que o retorno dos esforços canalizados para o trabalho se faça, posteriormente, sem que qualquer estatística possa anotar resultados.

Os corações consolados, as mentes desatreladas da ganga das imperfeições, os Espíritos liberados das subjugações infelizes, as vidas desalgemadas das patologias degenerativas do sentimento moral, os seres encaminhados para os objetivos mais nobres, os sentimentos reajustados e a luz derramada nos labirintos de dor e de sombra jamais poderão ser catalogados em números frios que registram resultados.

O nosso congresso foi acima das conjunturas habituais, a preparação de futuros trabalhos com a tônica da dignificação do homem. Objetivando, essencialmente, a criatura desassisada e sem rumo, o esforço envidado atingiu a meta.

Concluída, porém, a tarefa, não há tempo para a coleta de resultados que o tempo trará.

Urge não deixar a charrua à mercê das intempéries.

É imprescindível cuidar das sementes que agora dormem no solo fértil dos corações.

Indispensável vigiar o campo para evitar as pragas daninhas que ameaçam a implantação do futuro seminário ou congresso.

Por isso, no auge das alegrias e da gratidão, novos esforços devem ser aplicados em favor do porvir...

Esta é uma luta sem quartel, na qual não vos cabe, por enquanto, o repouso sobre os esforços, nem o demorado júbilo ante o êxito.

Jesus até agora trabalha, e o Pai prossegue trabalhando...

Vossos benfeitores espirituais, responsáveis pelo destino da nacionalidade brasileira e baiana, contam convosco.

Da mesma forma que dependeis do Senhor e aguardais a Sua interferência em vossas realizações, o Senhor espera encontrar ressonância na vossa receptividade, nos dias que se prenunciam difíceis para a comunidade dos homens.

O Evangelho tem urgência de ser vivido, e a Mensagem Espírita o trouxe neste momento como meta a ser alcançada na sua plenitude.

Jesus prossegue o mesmo e Seu Amor por nós continua com as mesmas características de sacrifício e de imolação.

Libertai-vos dos atavismos que retêm nas sombras do *ontem* e avançai na direção da Grande Luz...

Chamados a meditar na obra da construção do mundo novo, mantende alto o padrão de renovação íntima, para que a luz do *meio-dia* do amor estue na *meia-noite* do mundo tumultuado.

Hoje, meus filhos, eis o dia da vossa realização. Nem reminiscência do passado, nem precipitação para o futuro.

Ação ponderada e contínua da realização do "Reino de Deus" em vós seja a tônica dos vossos esforços, para que vos torneis espelhos que reflitam a legitimidade dos postulados que defendeis com ardor e abnegação.

Nunca houve tanta necessidade de Cristo no Mundo, como hoje!

Fala-se na recristianização da sociedade; nunca houve tanta necessidade de cristãos legítimos, como agora!

Renascendo dos compromissos infelizes de ontem, que entorpeceram a consciência dos séculos e sombrearam a cultura e a civilização com as trevas da noite medieval, surge a madrugada da Era Nova, preparando o advento do mundo melhor.

Perseverai! Pontificai no estudo e na disseminação da luz, depois que estiverdes vitalizados pela fé racional e clarificados pela luminosidade.

Os passos iniciais foram dados.

O discurso novo começa a ser anunciado, e a hora abre o universo das oportunidades para que reine o amor, governe a paz e vença o bem.

Confiamos que honrareis o ministério abraçado, levando a bom termo o compromisso superior de chegar até o fim sem tergiversação nem recuo; sem estacionamento nem pressa, demonstrando que cristão verdadeiro é exemplo de Cristo na convivência do mundo, e espírita é argonauta da Era Nova, que insculpiu no mundo interior a certeza da sobrevivência e da experiência do mundo de amanhã, que será belo e ditoso, desenhado, desde agora, pelos vossos sacrifícios.

Tarefa, pois, concluída, é experiência que abre um ciclo novo de realização a executar.

Trazendo a palavra dos trabalhadores que se congregaram para este esforço, do *lado de cá*, repetimos com o Apóstolo das Gentes: "Eia, avance!" – não olhando para trás e vivendo as emoções do amanhã.

Deus vos abençoe, meus filhos, e vos mantenha nas fileiras do bem integral para a vossa e a felicidade de todos nós!

(Mensagem psicofônica recebida na Mansão do Caminho, em Salvador, Bahia, na noite de 2 de novembro de 1987, após o encerramento do VI Congresso Espírita do Estado da Bahia.)

18

A GRANDE LUTA

Meus filhos,
Estamos na grande luta.
Não consideremos fortuito este momento, que o acaso parece ter engendrado.

Estamos convidados a espalhar, a ampliar as fronteiras do Reino de Deus, mas não creiam que a tarefa seja muito fácil.

Crucificados, os discípulos do Mestre, verdadeiramente leais, prosseguem em traves invisíveis.

Ontem, eram a arena, o madeiro, o cárcere, o exílio forçado, as labaredas, o degredo, o abandono dos afetos mais caros; mas, hoje, também é assim: degredos e exílios íntimos, abandonos, soledade, sofrimento e perseguição neste intercâmbio dos dois mundos em litígio, em que as forças da loucura e da insensatez se aglutinam para apagar da História o nome do Mestre, induzindo cristãos desatentos a estados patológicos irreversíveis, por enquanto, deixando as marcas purulentas da má conduta e tisnando o nome do ideal que abraçam.

Estamos convocados a prosseguir.

Cada um de nós é convidado a contribuir com uma cota que não pode ser menosprezada: o testemunho silencioso, aureolado de alegria, porque o Reino não é daqui, não obstante aqui comece.

Demo-nos as mãos e preparemo-nos, porque a luta recrudescerá.

As dificuldades multiplicar-se-ão.

O profano insinua-se no divino; o vulgar, no especial; o ridículo, no ideal.

Tenhamos cuidado, meus filhos, para que as nossas casas não sejam invadidas por torvelinhos que lhes descaracterizem a pureza da vivência evangélica ali instalada.

Mantenhamo-nos unidos, sem que os miasmas da perturbação nos intoxiquem e as imposições do desequilíbrio se estabeleçam.

Cristão sem sacrifício está sem Cristo.

Discípulo sem disciplina encontra-se sem messe.

Aprendiz sem dever está à própria sorte.

Jesus nunca nos desampara, mas é provável que o pretiramos para irmos, por preferência, em busca de outros condutores mais consentâneos com as nossas aflições desmedidas e necessidades falsas, acalentadas no desperdício.

Uma equipe de trabalhadores que compreendem o significado da fé, vivendo pela fé, para a fé é o que o Senhor de todos nós espera, neste momento.

(Mensagem psicofônica recebida na noite de 7 de fevereiro de 1987, no lar de Miguel de Jesus Sardano, em Santo André, São Paulo.)

19

FRATERNIDADE

Fascinado pela grandeza das próprias conquistas, o homem moderno se arroja em aventuras cada vez mais fantásticas, ampliando os horizontes da vida.

Intrigado com o insondável do cosmo, vem, a pouco e pouco, decifrando os enigmas das galáxias, a um passo para a compreensão das causas da vida na sua mais profunda realidade.

Interrogando as moléculas, penetra-lhes a estrutura, identificando a perfeição das leis que mantêm o processo existencial e ensejando-se conclusões audaciosas para o pensamento.

Vida em bólides espaciais e trabalho em favor do conforto e da solução de inumeráveis desafios ao bem-estar orgânico e psíquico no mundo.

Todavia, por mais respeitáveis que se apresentem estas conquistas, ainda há muita carência na Terra.

O medo aturde as almas, e os corações estiolados agridem-se.

Há falta de pão, e os interesses dominam nas faixas elementares dos instintos agressivos, gerando aflições, desconforto e infelicidade.

A aquisição dos valores materiais não logrou equacionar as dificuldades morais responsáveis pelas "lesões da alma" em processo de evolução.

Diminuindo a gravidade dos problemas, surge a fraternidade como o primeiro passo para a plena identificação entre os homens, lançando a ponte para as manifestações do amor.

A fraternidade é o *hálito de Deus*, sustentando as criaturas e unindo-as como verdadeiros irmãos.

A fraternidade é bênção que alenta e consola, quando deperecem os recursos exteriores, incapazes de amparar os sentimentos e sustentar o equilíbrio, a ponto de desarmonizar-se.

Manter a fraternidade em nossos grupos espíritas é dever impostergável, que nos cabe a todos nós.

Ante a fraternidade resolvem-se as mais difíceis situações, propiciando-se realizações legítimas.

Mediante a fraternidade, o *sangue* do entusiasmo reestimula os corações combalidos, equilibrando-os na luta áspera de crescimento para Deus.

Viver a fraternidade de forma compatível com as necessidades do momento, eis o dever de todos aqueles que compreendemos a missão e o apostolado de Jesus na Terra.

Vivendo com os homens, semelhante a eles e superior a todos, o Mestre jamais dispensou a fraternidade, legando-a aos Seus discípulos, a fim de que todos que os conhecessem soubessem que Lhe pertenciam...

Assim, vivendo em santa fraternidade e edificando no íntimo o mundo novo de paz, façamos dos nossos propósitos o alicerce de ternura e realização, nos quais a caridade se distenda na direção da Humanidade.

(Página psicografada na reunião pública da debates da Organização Social Cristã-Espírita André Luiz (OSCAL), na manhã de 17 de julho de 1988, em Belo Horizonte, Minas Gerais.)

20
RELIGIÃO CÓSMICA
DO AMOR

M eus filhos:
Que Jesus nos abençoe a noite demorada e triste, dando lugar à alvorada de luz.

Permanecem, teimosamente, algumas sombras dominadoras, não obstante o sol da Nova Era, trazendo as bênçãos da madrugada.

Inutilmente prosseguem algumas com resistência ao bem, à verdade, ao amor.

Jesus no-lo havia prometido. Quando chegasse o *Consolador*, as paisagens do mundo ficariam irisadas de luz, a paz dominaria os arraiais da Terra, e os tempos anunciados chegariam em banquete de esperança, convidando-nos à realização do bem operante.

A Ciência acadêmica, assinalada pelas frustrações das metas malogradas, qual a de tornar o homem feliz, pacificado e fraterno, cede espaço à *Ciência do Espírito*, que propicia a plenitude, utilizando-se do instrumental da tecnologia para proporcionar ventura e realizações eternas a serviço do Senhor.

As religiões da ortodoxia totalitária, que esmagaram consciências e ainda predominam no organismo social de inúmeros países da Terra, na diversidade das suas teorias e nos arrazoados das suas afirmações, abrem espaços para a *Religião Cósmica do Amor*, que dilui as nuvens da ignorância, derruba as barreiras do separativismo, unindo as criaturas, e leva-as de retorno à sua origem, como irmãs que o são.

Ante a Misericórdia da Divina Progenitura, as filosofias do desvario, alicerçadas nas conceituações do pessimismo e do atrevimento, abrem as portas para o comportamento otimista da Filosofia Imortal, brindando ao homem as diretrizes em favor da sua realização plena em perfeita identificação com as demais criaturas da Terra.

Amanhece.

A Divina Providência, que prevê, proveu de recursos o planeta e, neste momento, encontram-se, no escafandro da carne, missionários do bem, obreiros da Nova Era encarregados de precipitar os grandes e graves acontecimentos das transformações políticas, econômico-financeiras, sociais, acabando com as grandes injustiças na sociedade, que decorrem do câncer do egoísmo das minorias que sobrecarregam as grandes quantidades humanas com a miséria, geradora de dor insuportável.

Nosso Portugal retoma, lentamente, as rédeas do seu compromisso com Hilel, e deste com Jesus, mantendo a flama do idealismo, o archote para iluminar as consciências.

Trabalhadores de ontem retornam ao corpo, para a grande arrancada.

Investigadores encarregados de penetrar o bisturi no organismo dos problemas humanos projetarão luz nova nas consciências em geral.

Nautas do passado e poetas, artistas e operários do bem, filósofos e literatos emboscam-se na indumentária física, ao lado dos antigos apóstolos da fé, para implantar o Reino de Deus nesta terra querida e abençoada, que tem o fanal de conquistar agora os mares bravios dos atormentados sentimentos humanos e descobrir novas terras nos corações, para semear a palavra de Jesus.

Alegrai-vos, meus filhos! Chegam os momentos de definição, e fostes convidados a arrotear o terreno no qual as sementes divinas deverão germinar, dentro em pouco, para se tornarem as árvores frondosas do futuro.

Lutais com dificuldades e problemas que vós próprios ensementastes no pretérito.

Defrontais desafios cruéis, às vezes, e sentis a amargura de aparentes fracassos, que são resultados da insensatez de outrora, que gerastes aqui mesmo e no ultramar. Porém, de consciência dominada pelo *Consolador*, vindes sabendo reuni-los para logrardes a libertação deles.

Sois os preparadores do terreno para os servidores de amanhã. Alegrai-vos, sim, porque já tendes os vossos nomes anotados entre os daqueles servidores da realização superior.

Enfrentai os obstáculos, não cedendo vosso passo ao mal.

Vencei a treva com a luz da razão e conclamai todos à santa fraternidade, que deve viger em nossos arraiais para o êxito do empreendimento de libertação de consciências, que é a grande proposta da Doutrina Espírita.

Nunca estivestes a sós, e não ficareis agora!

Jesus providencia, para que os obreiros da Vida maior vos propiciem os recursos para o êxito dos cometimentos superiores.

Insisti nas decisões!

Porfiai nas atividades!

Demorai nos propósitos superiores!

Certamente não será fácil! Nada é fácil quando o objetivo maior é a Verdade. Mas as compensações superiores serão tantas e tais que não vos apercebereis da dor, nem dos testemunhos, passando as alegrias inexcedíveis que vos coroarão as almas no desempenho da tarefa que assumistes antes do renascimento corporal.

Os nossos companheiros das atividades espirituais, que somamos esforços com as vossas lutas, agradecemos ao Pai estes dias e esperamos que as sementes de luz germinem, proporcionando uma colheita de grãos multiplicados a dez por um, a cem por um, a mil por um, para a felicidade de cada um de nós e a glória do Senhor entre as criaturas da Terra.

Filhos, ide adiante!

Porfiai! Esta é a vossa hora!

(Mensagem psicofônica recebida em Lisboa, em 1º de maio de 1990, em casa do casal João Rabelo, durante o Culto do Evangelho do Lar.)

21

O homem perante o Espiritismo

Meus queridos irmãos,
Jesus nos abençoe!

O homem moderno, fascinado pelas conquistas tecnológicas e ávido pelos prazeres anestesiantes, ensoberbece-se e, ignorante da destinação espiritual que o aguarda, deixa-se tresvariar pela alucinação da violência, derrapando na delinquência e na desesperação.

Depois de haver penetrado os arcanos do Universo, decifrando incontáveis enigmas da vida, e descoberto a intimidade da molécula, permite-se negar a realidade espiritual, repetindo a loucura dos pesquisadores e filósofos cepticistas da segunda metade do século passado, sem dar-se conta de que o conhecimento sem Deus conduz a mente aos paroxismos da revolta e da desolação.

Embora enriquecido pela cultura hodierna, após a grande viagem exterior, na busca desesperada do poder transitório e dos valores de pequena monta, deixa-se conduzir por manifestações psicopatológicas, que caracterizam este como o "século da angústia".

No báratro das suas aflições, no entanto, volta-se, sob injunções de dor e lágrimas, na direção do túmulo e começa a interrogar a vida a respeito das realidades legítimas que não tem sabido compreender nem valorizar...

Nesse homem aturdido, porém, encontra-se a oportunidade de construir o mundo novo e a era melhor do Espírito, a que se referem as palavras renovadoras de Jesus.

Antídoto para as problemáticas afligentes da atualidade é o Espiritismo, conforme no-lo ofereceu Allan Kardec, em mensagem de lógica e ciência, de fé e razão, abrindo o pórtico de Era Nova, mediante a proposição do Cristianismo restaurado.

Indispensável, portanto, estudar Kardec para melhor compreender e amar Jesus.

Imperioso conhecer o Espiritismo nas suas fontes puras para, com mais acerto, viver-se o Cristianismo, em espírito e verdade.

Eis por que saudamos, nos labores deste dia, um brado de renovação e uma metodologia libertadora, tendo em vista o momento grave em que se vive na Terra.

Só uma doutrina que "enfrente a razão face a face" e encontre respaldo na Ciência poderá oferecer uma fé robusta, capaz de conduzir a criatura com segurança pelo rumo da paz.

Espíritas, meus irmãos, estudai para conhecer e instruí-vos para viver o amor em toda a sua plenitude.

Não vos inquieteis ante as dificuldades que repontam em toda parte.

Mantende o ânimo seguro e permanecei vinculados ao Senhor, a "rocha nossa".

Se convidados à violência, sede a paz; quando perseguidos, tornai-vos cordatos e, em qualquer circunstância, sede aqueles que amam, servem e passam edificando o bem.

Dia virá em que bendireis o momento da luta áspera, quando liberados da canga da aflição, puderdes contemplar o que fizestes e dizer: "Senhor, aqui estamos os servos imperfeitos, que apenas fizemos o que nos foi recomendado, não merecemos mais do que a alegria do dever cumprido".

22

DIAS ÁSPEROS

M eus filhos,
São ásperos estes dias.
Vivemos momentos de decisão. Soa a hora do exame de valores.

Não podemos esperar outro clima de luta, nem outro lugar de batalha, senão os que defrontamos, resultados das nossas realizações de outrora. Temos que laborar, mudando as atuais estruturas, com os olhos postos nos dias do futuro.

Suas rogativas silenciosas, seus apelos mudos, suas orações abrasadas, suas angústias maldisfarçadas em suas dores que, às vezes, extravasam em explosões de lágrimas e de frustrações, não nos são desconhecidos...

Acompanhamo-los, com o devotamento de companheiros que já atravessamos esses caminhos e agora, com a visão de um descortino mais amplo, sabemos entender quanto é difícil a viagem pela noite em caminhos impérvios, ora clareada, graças a Deus, pela estrela polar do Evangelho libertador, sem a qual a desídia e a loucura se apossariam de nós.

Bom ânimo, meus filhos!

Agradeçam a Deus a honra de servir. Bendigam a incompreensão, quando estejam no posto de combate edificante.

O lutador que não traz a cicatriz da batalha, ao receber quaisquer condecorações externas, não é vitorioso!

Quem atravessa o paul tem de sair com os pés enlameados, e quem galga uma montanha desafiadora não se pode furtar a cansar-se na subida.

É natural que, muitas vezes, sintam o cansaço, o desalento, mas não é natural que se estabeleça nos arraiais das sua intenções abençoadas a desistência.

Espalhem a luz e pontifiquem no bem até que sintam interiormente uma aragem de paz que nenhuma coisa de fora consegue perturbar; um estado de alegria que nenhuma tristeza ponha marca de desencanto e um halo de entusiasmo que nenhuma sombra logre ofuscar.

Não seguem a sós os que amam. Não vivem em abandono os que confiam.

Estamos, lado a lado, neste combate do bem, na renovação íntima, contando com Jesus, o Invencido Vitorioso que permanece nosso Guia Supremo na condição de Amigo Inefável de todas as horas.

23

LAR CRISTÃO

M eus filhos,
Quando um lar de amor cristão se abre, na Terra, fecham-se os presídios punitivos e as casas de reeducação.

O lar cristão para a comunidade é o templo-escola, o santuário-domicílio onde as almas se albergam, encontrando renovação e paz.

Através dele, o lar da bênção, caldeiam-se sentimentos, removem-se dificuldades, realizam-se cirurgias de profundidade, edificam-se labores de renovação com Cristo à frente.

Não esqueçamos de santificar o trabalho que nos cumpre realizar, a contributo de soledade, de dor ou de sorriso, conforme as próprias necessidades, para que o Cristo, vivo e atuante, opere por nós, na construção da Humanidade feliz e ditosa na qual renasceremos mais tarde.

Bom ânimo, meus filhos!

Esqueçamos o relatório dos azedumes, o rol das mágoas, os apontamentos deprimentes.

Quem encontra a madrugada já não vislumbra recantos em sombra para imprecar contra as trevas.

Quem viaja com o Sol não percebe a presença da noite, que foi devorada pala claridade.

Somos viandantes do pretérito. É justo que o nosso caminho esteja assinalado por limitações e dívidas, que o Senhor nos concita a regularizar para a nossa própria felicidade.

Não nos têm faltado apoio e ajuda.

Amigos devotados, daqui e daí, damo-nos as mãos, para formar a família da esperança, na qual todos crescemos nos rumos do Infinito Amor.

Adiante, meus filhos!

Dificuldade de hoje será triunfo de amanhã; lágrimas de agora serão coroas de luz colocadas mais tarde em nossas almas; incompreensões, neste momento, constituirão sorrisos do futuro; dores atuais se tornarão algemas partidas no porvir.

Jesus conta conosco.

Demo-nos as mãos, meus filhos, e, amando e servindo, sigamos adiante, certos da vitória final.

24

O Livro dos Espíritos

M eus filhos,
Jesus nos abençoe!
Evocando a memorável data do surgimento, em Paris, de *O Livro dos Espíritos*, pedra angular da Revolução Espiritista, todos nós, desencarnados e encarnados, vencidos por inusitada emoção, buscamos as fontes geratrizes da Espiritualidade para louvar o Celeste Doador pelas magnas concessões que nos propicia.

Transcorridos 115 anos de *fé espírita*, encontramo-nos neste cenáculo recordando a casa modesta da estrada de Jope, onde Simão Pedro e os companheiros diletos do Crucificado esparziam as bênçãos imorredouras da Doutrina do Amor.

Costuma-se dizer que os tempos são outros, as diretrizes são novas, os métodos devem ser renovados.

O Espiritismo, no entanto, meus filhos, permanece como sendo Jesus em todos os dias das nossas vidas, qual porto de amparo às nossas aspirações e barco de segurança para as nossas ambições.

Hoje, como no passado, a dor cavalga vitoriosamente e o desespero achincalha as mais nobres construções da inteligência. A razão, desvairada, não consegue domar as ânsias do coração necessitado. E o homem, ainda "lobo do homem", atira-se na voragem truanesca da posse e da destruição, deixando as mais belas conquistas transformadas em cemitério onde as cinzas das recordações não conseguem de todo apagar nem abafar o lamento das viúvas e dos órfãos da retaguarda.

É por isso que, em evocando a data de *O Livro dos Espíritos*, que é marco histórico da Nova Era de libertação de consciências e de testemunho de imortalidade, aqui confraternizamos, para repetir aos companheiros da retaguarda carnal que se faz mister viver a Doutrina do Cristo em toda intensidade do sentimento, das emoções e do conhecimento.

É verdade que todos trazemos angústias e pesares, que aguardamos o lenço da consolação espírita para nossas lágrimas, para os nossos suores, como o bálsamo reconfortante, o penso refazente para as feridas do sentimento, do coração.

Convém, no entanto, não esquecermos que, ao nosso lado, ruge a tempestade, e a batalha se agiganta, esperando a nossa contribuição em benefício dos mais infelizes do que nós.

Os que cremos já possuímos a "pedra mágica de toque" da imortalidade colocada no coração. Os que sabemos já somos coparticipantes do banquete da luz. Os que conhecemos já recebemos a revelação como ponte de intercâmbio entre os dois mundos.

Para estes, que somos nós, não há meio-termo, nem possibilidades de acomodação com as contingências vantajosas do mundo, na feição de deslealdade. A conduta seguirá a reta rígida da mensagem evangélica, que nos impõe a transformação de dentro para fora.

Por esta razão, nesta casa, como em outras, a luz do Cristo não pode ficar sob o alqueire, mas no velador, oferecendo bênçãos, brindando apoio aos trôpegos e inseguros que aspiram a mais amplos horizontes e a mais largos ideais de vida.

Estais convidados para a Nova Era e não é lícito que estacioneis, custe o preço que seja exigido, sejam quais forem as condições que a Misericórdia do Senhor vos imponha.

Não há outra diretriz a seguir, senão aquela que já tendes estereotipada na mente como o sinete do Mestre Incomparável, para vos nortear todos os dias e todas as horas. Mergulhai a mente no Evangelho Restaurado e vivei-o em toda a sua grandiosidade, em toda a sua emoção.

Não desfaleçais na luta, nem desanimeis na hora do combate ou no instante do fracasso.

Jesus, na cruz, aparentemente vencido, é o herói de pé.

Aqueles que estão sob o fardo do fracasso no mundo são os heróis da dignidade, que preferiram perder, na Terra, para ganhar a vida, a possuir os lauréis e perturbar a alma...

Filhos! Não há alternativa, nem outra recomendação, exceto a velha regra áurea do amor em todas e quaisquer circunstâncias.

Avançai com Cristo, por Cristo e para Cristo, hoje, quando recomeçais o labor em paredes novas, mas em santuário velho, em casa de pedra que o tempo vai consumir, na restauração da casa do Cristo, no entanto, erigida entre a manjedoura e a cruz – a sublime catedral dos atos, no santuário divino da Natureza – para a comunhão com os homens.

...E, guardando a certeza de que perseverareis, em nome dos companheiros de Além-túmulo, nós vos incitamos a crescer no bem e a marchar na direção da Verdade.

São nossas as recomendações do serviço e do trabalho como únicas e eficazes terapêuticas para a saúde e a paz.

Pela significação desta data, suplicamos ao Amigo Divino e Vigilante que abençoe este santuário, transformando-o em templo de paz, em hospital-escola, em oficina de socorro e sabedoria para os cansados da rota.

Suplicando a Jesus que nos abençoe e guarde, meus filhos, por todas as horas, em todos os dias, em nome da Espiritualidade presente, nós vos abraçamos com carinho paternal, na condição de servidor humílimo de todos.

(Mensagem psicofônica recebida em sessão da noite de 18 de abril de 1972, no Grupo da Fraternidade João Ramalho, em São Bernardo do Campo, São Paulo.)

25

TRABALHADORES DA ÚLTIMA HORA

M eus filhos,
Jesus nos ampare!
Eis-nos na gleba de redenção.

Honrados com o nobre mister de preservar a palavra do Evangelho, encontramo-nos no campo da construção do Mundo Novo.

Somos, porém, os *trabalhadores da última hora*, que anteriormente comprometemos o ministério de que nos encontrávamos investidos, não sabendo defender o legado que nos chegou do Alto.

Aturdidos pelas homenagens do mundo, fizemos chafurdar nos fossos miasmáticos da usura da exterioridade pomposa a Boa-nova de redenção.

Agora, no entanto, surge-nos o momento de recomeçar e de refazer.

Haja o que houver, tenhamos tento.

Não nos permitamos empolgar somente pelo primeiro minuto.

O trabalhador que se entusiasma, num momento de exaltação, pode ser comparado ao relâmpago poderoso que logo se apaga.

O discípulo do Evangelho é alguém que não esmorece nunca; operário que não abandona a enxada a pretexto de preservá-la, por saber que o instrumento deixado a esmo é corroído pela ferrugem, enquanto a lâmina que se desgasta no atrito do solo reluz, sempre pronta para o serviço.

Cabe-nos, desse modo, o trabalho de desgaste das nossas imperfeições nas pedras e cascalhos do solo da reencarnação, porquanto soa o nosso momento de testemunhar fidelidade aos enunciados superiores da Vida...

Estejamos tranquilos, vencendo os pruridos da vaidade e da ostentação.

Constituímo-nos num todo harmônico, amparando-nos reciprocamente e fraternalmente servindo.

Ninguém trabalha para ninguém, antes, para si mesmo. Somos, todavia, obreiros a serviço do Senhor. As obras externas passam, enquanto o Espírito do Cristo, que colocamos dentro das nossas casas, este deve permanecer.

Não somos viandantes inexperientes na via evangélica... Não estamos convidados por primeira vez para o tentame... Não é esta a participação inicial, objetivando acertarmos o passo com o bem...

Não há muito, fascinados pela volúpia, cavalgamos a insensatez, disseminamos conflitos, espraiando nossas paixões.

Nos dias remotos, construímos a obra externa em detrimento da realização íntima e intransferível. Diante dos altares do luxo e da corrupção, erguemos monumentos inspirados pela mentira transitória, em adoração a nós mesmos...

Hoje, porém, temos as mãos calejadas e o Espírito dorido, em face dos desequilíbrios doutrora.

Compete-nos não negligenciar na tarefa de fazer fecundar, no coração, o *pólen* da fé renovadora.

Não nos encontramos convidados para o banquete da fatuidade, nem deslizamos na barca da ilusão, singrando as águas do comodismo e do desperdício.

Nosso compromisso é com Jesus – nossa Barca, nossa Bússola, nosso Norte, nosso Porto...

Jesus, meus amigos! Aquele a Quem juramos fidelidade, amor e serviço.

Hoje é o nosso dia de apresentar o Evangelho Restaurado à sofrida alma do povo.

Falemos a linguagem simples e comovedora da esperança, trocando o verbalismo sonante e vazio pela semente de luz que devemos colocar na alma dos que padecem na cegueira da paixão e do desequilíbrio.

A nossa não é outra senão a tarefa de conduzir com segurança os náufragos das experiências humanas ao porto da paz.

Não receemos!

E, confiando que a nossa tarefa se fará, digamos:

Senhor!

Tu, que nos chamaste à obra de restauração do amor nos corações, apiada-Te de nós.

Somos fracos, fortalece-nos; somos imperfeitos, ajuda-nos; somo tíbios de coragem tropeçando a toda hora, soergue-nos.

Em chegando o momento culminante, quando a sombra da desencarnação pousar sobre cada um de nós, abre-nos as portas da vida nova, a fim de que possamos ressurgir vitoriosos, após o trânsito pelas cinzas do corpo frágil...

Guarda-nos de nós mesmos e permanece conosco até o fim da jornada!

(Página psicofônica recebida na noite de 22 de agosto de 1973, na sede do Centro Espírita Discípulos de Jesus, em Campo Grande, Mato Grosso do Sul.)

26

NOVA ERA

Meus filhos,

Raia uma Nova Era para nós.

Uma era de paz, em que o Evangelho do Reino deverá ser apresentado às multidões com o archote do nosso sacrifício.

A lâmpada que arde exige o combustível que consome, e a vela acesa que esparge claridade para manter o lume impõe a presença da substância que se gasta.

É indispensável, também, que desgastemos, no esforço da solidariedade, a nossa energia de amor.

Jesus é o mesmo hoje, como desde há dois mil anos, quando esteve entre nós.

A Sua palavra de misericórdia chega até nós como um bálsamo para lenir o nosso copioso pranto...

Ontem, dizendo servir ao Evangelho Renovado, cavalgamos o *ginete* da desesperação, esmagando povos, disseminando amarguras, impondo-nos pela prepotência. Hoje, sejamos o mensageiro da paz.

Cada um de nós coloque no coração a expressão consoladora da solidariedade em benefício geral.

Um dia, dizendo servir ao Rabi, procuramos servir ao mundo, erguendo tronos pontifícios, altares de insensatez sem que houvesse, em nós, espírito legítimo da verdadeira fraternidade.

Ser cristão, no entanto, é conduzir Jesus na alma, à semelhança do ar que se respira e da vibração que se sente ínsita no ser.

Não relacionemos mais queixas, ultrajes, reclamações.

Não relatemos mais dissabores, ofensas, amarguras!

A Terra, meus filhos, é escola abençoada de renovação interior.

Bem-aventurado quem chora, inditoso quem faz sofrer.

Feliz o que sofre, malfadado quem impõe padecimentos.

Compreendamos que o Evangelho veio até nós para que o Cristo restaurasse entre os homens, por nosso intermédio, o primado da Verdade, e uma Nova Era se estabelecesse entre as criaturas da Terra.

Todos nós, filhos e filhas da alma, estamos engajados no contexto da Época Melhor.

Não digamos que O ignoramos.

Ouvistes a *sepultura* arrebentada e sentistes o sopro do vento da imortalidade.

Conheceis a evidência da comunicação dos Bem-aventurados.

Ide, agora, almas que chorais, corações que sofreis, e dizei bem alto:

Os mortos estão de pé! Cristo vela na barca do Evangelho Novo, convidando ao mundo melhor de amanhã.

Se o fizerdes, a paz em definitivo se aninhará em vossos corações.

Tende ânimo! E, quando as vossas dores vos parecerem mais acerbas, a vossa soledade mais cruel, as vossas aflições conflitantes, dizei como o Mestre:

Eu não venci no mundo, mas venci o mundo.

Bom ânimo, meus filhos! Sede fiéis!

(Mensagem psicofônica recebida na manhã de 27 de fevereiro de 1977, na Comunhão Espírita Cearense, em Fortaleza, Ceará.)

27

CRISTO ESPERA POR NÓS

Vivemos uma hora, espíritas, em que não há lugar para tergiversações.

Faz-se-nos indispensável definir tarefas e *afogar-nos* na tarefa do bem.

Cristo espera por nós!

Há dois milênios chamamos por Ele. Agora Ele está chamando por nós.

O Criador sempre atende à criatura através de outra criatura.

É necessário estarmos sintonizados com a Criação, a fim de recebermos o impulso do Criador para o socorro à criatura.

Fomos chamados para a construção da Era Melhor.

Estamos convocados para a tarefa sacrossanta do amor.

Doutrina Espírita é conhecimento com responsabilidade; compromisso indeclinável que impomos, a fim de ressarcirmos o passado de sombras, de dúvidas, de mancomunações com o mal que ainda vive dentro de nós.

Ainda nos vinculamos ao instinto animal, que nos tenta governar, em detrimento do anjo que desejamos alcançar.

É necessário que, de uma por todas as vezes, compreendamos o impositivo da nossa renovação pelo bem, porque esta é a hora de que nos falam os livros de todas as religiões antigas e que se consubstancia na mensagem da Doutrina Espírita.

Esta é a hora de implantarmos, na Terra, em definitivo, o *Reino de Deus*.

Ontem escutamos oradores inflamados que nos incendiavam a alma, emocionando-nos, para os combates da beligerância e da criminalidade. Saíamos dali, então, desarvorados e prepotentes, a esmagar, felizes, os que discrepavam de nossa fé.

Hoje, porém, Jesus nos destina um labor sublime: o da implantação do bem na Terra.

Todos fomos chamados. Todos nos encontramos na lide, com o dever inalienável de servir e de amar.

O Espiritismo, no seu segundo século, chama-se "ação".

Até há pouco, combatiam a mensagem luminosa. Os adversários, porém, da Terceira Revelação, filhos meus, estão agora dentro de nossas fileiras, dentro de nós... Ou modificamos a nossa forma de agir, de servir e de amar, ou seremos responsáveis pelo adiamento da concretização dos ideais do *Consolador* na Terra. Esta é a Religião cujo nome foi dado por Jesus: o *Consolador*, não o esqueçamos.

Consolemos as lágrimas, estancando-as no seu nascedouro; atendamos a dor, ferindo-a na origem. Lutemos contra o mal e ganharemos a Terra da Paz.

Hoje é o fruto do nosso ontem, mas o amanhã é o nosso hoje vitorioso nimbado de bênçãos com Jesus...

Unificação, portanto, é o ideal de beleza e de amor nas diretrizes basilares do pensamento Kardequiano, dirimindo dúvidas, apontando rumos e ganhando almas para o exército do bem.

Era Nova! A mediunidade posta a serviço de Jesus! Boas-novas!...

(Mensagem recebida ao final da conferência em Brasília, Distrito Federal, na sede da Federação Espírita Brasileira, em 2 de outubro de 1977.)

28

MENSAGEM DE ESTÍMULO

Meus filhos,

Que Jesus nos abençoe!

Rogo licença para falar no intervalo entre as comunicações dos nossos irmãos em agonia, por considerar que a dor é a sublime educadora, em cuja cartilha aprendemos a conjugar o verbo amar.

Delineiam-se porvires de bênçãos diante de nós, não obstante as dificuldades e os problemas do presente.

Amparados por Jesus, avançamos com segurança na direção do alvo luminoso que nos aguarda com ensanchas de aprimoramento interior, de renovação de propósitos, de disposição fraternal em nome da caridade.

Não mais defrontamos as lutas encarniçadas doutrora; não mais os adversários de fora, agredindo e ameaçando a estabilidade do nosso movimento; já não enfrentamos o semblante congestionado do dogmatismo enfermo ou a aguerrida luta dos que ignoram a verdade.

Hoje encontramos as maiores dificuldades dentro de nós próprios, criando embaraços, sob a impulsão de desequilíbrios que vêm do pretérito e vigem no coração da invigilância.

O desafio para nós se expressa através do esforço que devemos empreender para superar as paixões negativas, os objetivos personalistas e os desejos de imediatos triunfos transitórios.

Contra tais inimigos devem estar vigilantes os obreiros honestos e devotados da Causa Espírita.

Convocados à luta de redenção, trazemos insculpidas na alma as marcas dos compromissos negativos com as doutrinas largamente esposadas no pretérito.

O ajustamento ideal, nas diretrizes da Doutrina Espírita, não é fácil.

O Espiritismo, porém, representando a Excelsa Misericórdia de Deus, em atendimento às angustiantes necessidades humanas, torna-se a atual concessão para o seu programa de legítima cristianização do mundo.

Pode-se medir a excelência de uma ideia pela força das resistências que ela provoca.

Cento e vinte e dois anos de Doutrina Espírita têm sido o eloquente atestado da sua legitimidade, porque, hoje como ontem, permanece na sua inteireza idealista, numa estrutura de granito, desafiando as forças que reagem contra o seu sublime fanal.

Acautelemo-nos, aqueles que sentimos no íntimo, e não por primeira vez, o chamado de Jesus para preservar a Sua Doutrina no seio da comunidade humana.

Silenciemos no coração as dores ultrizes, e com piedade recebamos as agressões e torpezas atiradas contra nós, como resultado do amor ideal abraçado.

É muito melhor o apupo, a chocarrice, a incompreensão dos homens por fidelidade à Doutrina esposada do que o aplauso de todos, em ovações encomiásticas, no momento em que se delinque em relação ao Amigo Divino.

Sabemos que não é fácil, meus filhos, transitar nas sombras do corpo carnal conduzindo o archote de fé viva e pulsante, ao mesmo tempo que, fazendo claridade, atrai-se a agressividade gratuita, a perturbação dos que preferem a treva, o apedrejamento dos que pretendem manter o estado de ignorância.

Todavia, o Senhor nos acena com a Sua Misericórdia e nunca nos falta.

Aquele que abraça, verdadeiramente, o Evangelho quase sempre prova o conteúdo da taça do testemunho em soledade.

Os olhos do mundo veem as aparências, entretecendo considerações nem sempre enobrecidas, mas o Cristo, que vê o interior de todos nós, sabe o valor daqueles a quem confia a Sua tarefa.

Prossigam os companheiros queridos sem tergiversação, sem temer as circunstâncias dolorosas.

É indispensável levar até o fim os objetivos superiores da Mensagem Espírita, neste momento de convulsão e de luta que se abate sobre a Terra.

Jesus espera muito de nós, meus filhos, e nós, que sempre contamos com Ele, não Lhe podemos dispensar o apoio. Todavia, o Seu é o apoio discreto; as Suas condecorações surgem e permanecem no mundo em forma de cicatrizes, resultantes das feridas que a incompreensão provoca no cerne das almas.

O labor que vem sendo desenvolvido pela nossa casa, nos dois planos da vida, é de relevante importância, de alta magnitude, no que tange à tarefa da unificação dos espíritas, não só na *Pátria do Cruzeiro*, senão em toda a Terra.

O conceito de que Ele é o Pastor de um "só rebanho" não tem um significado vão ante os postulados que refulgem na Codificação Kardequiana.

Agora, mais do que nunca, faz-se necessário este intercâmbio de mentes e corações entre os companheiros que mourejam no mesmo labor, não obstante fisicamente separados pela distância geográfica.

O Verbo Divino, colocado em nossas vidas, é nova estrela polar apontando rumos.

Levem adiante o ministério do esclarecimento espírita, a palavra escrita, o verbo emocionado na garganta, o livro de libertação de consciências, a caridade do pão, do agasalho, do medicamento, a obra de educação e de socorro, nos seus vários ângulos terapêuticos, como profilaxia e como cura, todos com regime de urgência.

Nos momentos das grandes crises, revelam-se os heróis.

Convém, porém, não esquecermos que os heróis do Evangelho transitam, na Terra, crucificados pela incompreensão generalizada, no entanto prosseguem, ativos e operosos, com o Cristo pulsando-lhes nas almas.

Porfia, meu filho, no dever que te foi confiado pelo Senhor, com a mente aberta ao bem, e o coração voltado para o amor e para o perdão.

Mágoa nenhuma, nenhum ressentimento!

O mal é sempre pior para quem nele se locupleta. Aqueles que fomos convidados para o ministério da verdade melhor percebemos os enganos que fazem o caldo de cultura dos desequilíbrios. Todavia, é imperioso avançar, muitas vezes sem apoio, não poucas vezes vencendo dificuldades de fora e problemas de dentro, do coração.

Melhor, porém, partir da Terra com as mãos calejadas no arado, entre renúncias e dificuldades, do que da poltrona cômoda da ociosidade, entre recordações felizes e horas vazias. Oferece, meu filho, o melhor dos teus melhores esforços como até aqui, para que o Senhor continue doando-te os estímulos para a saúde e as resistências para a continuação da tarefa até a hora que Lhe aprouver.

Maria Raquel, minha filha, o Senhor espera muito dos seus sacrifícios, nas abençoadas terras de Portugal. Discernimento e fidelidade são expressões de valor moral de alta magnitude que sempre têm escasseado no mundo.

Muitas vezes, é melhor que constituamos um pequeno grupo de criaturas devotadas e mentes esclarecidas, que possam compor um quadro representativo do ideal espírita, no mundo, a estarmos numa aturdida multidão, que nada entende a respeito dos objetivos essenciais do trabalho a realizar, sendo sempre colhida pelo desequilíbrio, pela perturbação...

Os benfeitores espirituais das terras de Portugal amparam a nossa Federação, na sua marcha lenta, mas segura, como ocorre com tudo que tem as bênçãos do Senhor.

Em nossas atividades, as medidas com que se mensuram o progresso e o êxito são diferentes daquelas que estabelecem os cálculos nos triunfos terrenos.

Jesus e o Seu grupo foram minoria, e ainda hoje os que Lhe são fiéis constituem um grupo minoritário. No entanto, a Mensagem que Ele nos trouxe permanece como o sol dos séculos vencendo as sombras espessas, que tentam permanecer no mundo.

É cedo, minha filha, para você transferir responsabilidades maiores para os companheiros.

Não raro, provando a soledade e experimentado o sal das lágrimas íntimas, você se tem perguntado se seria melhor deixar que outrem conduzisse o trabalho que ora repousa nas suas e nas mãos de outros obreiros honestos quão dedicados à Causa.

Relacionando dificuldades e dores, não poucas vezes o desalento tem tentado aninhar-se na sua alma, diminuindo-lhe o fervor e os entusiasmos. Nesses momentos, porém, os abnegados instrutores do Mundo da verdade acorrem, pressurosos, a ajudá-la a manter a decisão de levar adiante o compromisso, que é a vida, sua atual existência e a base da sua atual felicidade.

Não desanime, portanto!

Ainda somos poucos os obreiros que nos dedicamos a Jesus. A seara, milha filha, continua grande, e os obreiros de boa vontade real ainda estão reduzidos...

Convoque os companheiros, como sempre o faz, à perseverança, à fidelidade, ao testemunho, se necessário, porque o Espiritismo é vida, na expressão mais alta da verdade que o mundo ainda não pode compreender em toda a sua profundidade e grandeza. Somente aqueles que nos dispomos a receber da Esfera espiritual o grande investimento é que podemos aquilatar, quanto ao significado da Revelação, o seu valor.

Por isso, filha, você se ofereceu, em espírito, para continuar o trabalho dos pioneiros que hoje cá se encontram, levando adiante a tarefa do nosso abnegado irmão Isidoro.

Insista e prossiga, avance e não desista, haja o que houver nos dias porvindouros, quando se fizerem necessários definição e trabalho, a fim de que, mais rapidamente, instale-se, em definitivo, a Era do Espírito imortal entre os homens.

Deus a ajudará como até aqui, minha filha, concedendo-lhe os tesouros de luz e paz, para o seu triunfo total: a vitória sobre si mesma!

Sylvio, meu filho, tenho-lhe escutado as interrogações e sentido seu desejo de um nosso reencontro espiritual.

Quero dizer-lhe que o trabalho prossegue sob as bênçãos do nosso Fabiano e as diretrizes para o futuro assentam na mensagem clarificadora do Evangelho, que deve continuar como diretriz do nosso trabalho, em benefício de um mundo melhor.

Não esmoreça, meu filho, permanecendo como instrumento dúctil à inspiração que vem do Mundo maior, da Espiritualidade, a fim de que a obra, que Jesus tem inspirado a esse grupo de denodados servidores, prossiga em clima de realizações edificantes em benefício de todos nós.

Os nossos Fabiano, Jaime, Raquel, Marocas, Ana e tantos outros estão de mãos dadas na charrua da atividade que o seu e o coração amigo do nosso Aragão e equipe ora abraçam.

Preserve a tranquilidade em nossa casa, meu filho.

Não poucas vezes, a energia, em nome do dever, exige-nos um saldo de sacrifícios e de renúncias muito alto, mas o Evangelho do Senhor é uma diretriz de definição que não dá margem a dubiedades nem a tergiversações, no momento de assumir direção no compromisso desafiador.

Seja você a voz amiga e intercessora, preservando o patrimônio da caridade em nome do serviço social, da beneficência às nossas criancinhas, aos nossos velhinhos em desvalimento, às nossas famílias carentes que já se acostumaram ao pão de amor e àqueles outros que virão nos próximos, turbulentos dias de transição que vivem na Terra.

Sabemos das disposições novas, do programa de ampliação da caridade e da beneficência. Também sabemos dos esforços novos encetados para ampliar e conseguir novos recursos para o auxílio e a preservação da obra.

Deus abençoe todo este contingente de amor, todos esses corações que transformaram o repouso em afã, que modificaram a estrutura da própria vida para se dedicar ao bem de todos, com o tributo do sacrifício e do cansaço!

Que o Senhor nos abençoe a todos, meus filhos, neste ministério da luz contra a treva, do bem contra o mal!

Filhos, bom ânimo e coragem!

Leva, Thiesen, meu filho, aos companheiros da nossa casa o amor e o carinho constante do nosso coração devotado e vigilante.

A barca de Ismael singra os mares encapelados da Terra, no rumo do porto em que o Celeste Amigo nos aguarda.

Muita paz, meus filhos. Que o Senhor de bênçãos nos abençoe e nos guarde sempre, é o voto que faz o amigo, o companheiro paternal e humílimo de sempre.

(Mensagem psicofônica recebida na sessão mediúnica do Centro Espírita Caminho da Redenção, na noite de 28 de novembro de 1979, em Salvador, Bahia.)

Transcrita da revista *Reformador* de fevereiro de 1980, p. 35 e 36.

29

PÁGINA AOS COMPANHEIROS

Meus irmãos, meus amigos,
Que o Senhor nos abençoe!
No processo da evolução sociológica, antropológica e religiosa da criatura humana, desde os primórdios da cultura até os nossos dias, vai um largo pego.

Das experiências da litolatria à concepção do Deus cósmico, longas foram as buscas do homem, intentando melhor definir os rumos do seu próprio progresso.

Desde as expressões do temor, que era diminuído mediante os holocaustos humanos, até os sacrifícios realizados no mundo íntimo, o desenvolvimento exigiu milênios de pesquisas para hoje podermos alcançar o seu momento culminante.

Moisés, no Sinai, oferece-nos a Lei Antiga, numa visão monoteísta, mudando as estruturas do politeísmo vigente que galvanizava as criaturas, mantendo-as nos atavismos primários dos quais procedia.

Posteriormente, Jesus escreve, no livro da Natureza, a mensagem libertadora da Boa-nova, ensinando o amor como fundamento para a libertação da criatura.

A antiga visão ocultista, que dividia os homens entre iniciados e profanos, oferecendo a revelação do Deus Único àqueles que se adentravam nos mistérios do esoterismo, passa, com o Mestre Nazareno, a vivenciar a fraternidade em todos os graus, unindo os homens pela ação nobilitante do amor, na realização do compromisso da criatura perante o seu Criador.

Allan Kardec, chamado à liça, dentro de um conceito cartesiano codifica a Doutrina Espírita, dando-lhe uma sistematização dialética, que propicia aos homens melhor compreender quem é, donde veio e para onde marcha. Com ela, não estão as manifestações arbitrárias do primitivismo ancestral, nem a severidade da lei causticante e impiedosa, mas o amor iluminado pelo conhecimento através da instrução que ora se generaliza no amplo conceito da educação.

O primeiro missionário da Revelação Divina oferece-nos a severidade da lei, para que o homem se submeta aos impositivos do progresso, impossibilitando-o de entender as determinações da Divindade. Com Jesus, a criatura compreende a necessidade de ampliar os sentimentos, no sacrifício pelo amor, na renúncia pessoal, oferecendo-se, em holocausto vivo, em prol do progresso do seu irmão.

Allan Kardec é a ponte de luz que, à semelhança do Cristo, confirma a Lei Antiga estatuída nos Soberanos Códigos da Divina Justiça. Exalta o amor do Galileu Inolvidável na caridade, que penetra as causas dos sofrimentos humanos e as erradica, por equacionar os problemas conflitantes do comportamento do próprio homem, e abre uma era nova para a criatura, que será levada pela Ciência aliada à tecnologia a sair da Terra na direção das estrelas.

Hoje, um século e um quarto depois de publicado *O Livro dos Espíritos*, é imprescindível mergulhar o pensamento na água lustral da Revelação, para melhor penetrar o espírito do Espiritismo e encontrar as respostas aos magnos problemas da vida.

Na atualidade, depois das experiências realizadas em toda parte, para melhor facilitar a compreensão do Espírito pelo estudo correto, é necessário que o programa de estudo sistematizado seja oferecido sem o elitismo que levaria as mentes à condição antiga dos ocultistas, selecionando os esoteristas dos exoteristas, os iniciados dos profanos, mas reunindo todos na mesma programação, em que cada qual haurirá o conhecimento dentro das suas possibilidades intelecto-morais, daí extraindo o indispensável para estabelecer no íntimo o Reino dos Céus. Isto porque, o Espiritismo é doutrina fácil de ser assimilada, simples na sua estrutura para ser compreendida, mas não vulgar para ser interpretada.

É fácil, porque se encontra nas Leis Naturais; é simples porque vivencia a Lei do Amor; mas é profunda, ao mesmo tempo, sua complexidade, porque tem origem divina.

Nem uma tarefa programada para um grupo de acadêmicos, nem um programa trabalhado pela ingenuidade, senão linhas mestras direcionais num compromisso que, à semelhança de um leque, abrirão perspectivas para todos os recursos da inteligência e do sentimento.

Compreendemos, os Espíritos-espíritas que hoje mourejamos nesta faixa de vibrações, a necessidade urgente de oferecer às gerações novas um programa capaz de as equipar para enfrentar o materialismo, na sua multiface, de maneira hábil, com recursos que possam coagular as expressões deletérias que invadem os múltiplos arraiais da Terra, levando ao suicídio, à loucura, à violência.

O Espiritismo prossegue sendo o antídoto contra esse mal, nas suas várias expressões.

É certo que tornar o homem espiritualista é a tarefa inicial; fazê-lo espiritista é o passo a seguir.

Como o pensamento de Allan Kardec pode ser comparado às sete notas musicais da Divina Sinfonia da Vida, ao homem cabe utilizar-se delas no campo da Doutrina Espírita para compor as melodias que enriqueçam a Terra de beleza, promovendo o espírito humano.

A Codificação Espírita é o alfabeto da Nova Era sobre o qual se erguerá o templo da paz, quando a mensagem da Terceira Revelação atingir todas as criaturas do orbe terrestre, realizando o fanal da imensa revolução social que modificará as estruturas do planeta.

Um programa de estudo sistematizado da Doutrina Espírita, sem nenhum demérito para todas as nobres tentativas que têm sido feitas ao longo dos anos, num esforço hercúleo para interessar os neófitos no conhecimento consciente da Nova Revelação, é o programa da atualidade sob a inspiração do Cristo.

Espíritas, amigos e irmãos!

Estais chamados a uma definição irrevogável: a de eliminar o mal que ainda reside em vós e que domina os quadrantes do mundo, combatendo-o em vós próprios como primeiro passo, para que a vossa claridade interior seja colocada sobre o módio das paixões, senão no velador, apontando os rumos para os pés andarilhos que vêm depois.

Não temais a luta! Ponde-vos de pé!

É instante de definição de tarefas. Dificuldades são testes de avaliação das vossas conquistas; sofrimentos são aferições de valores em torno do que fizestes e do que sois. A luta é o nosso campo de autoaprimoramento e os esforços são o nosso clima aplicado no progresso da Humanidade.

Ontem éramos informados, mas não conhecíamos a verdade. Hoje sabemos, porque intercambiamos convosco, como mantendes conosco o intercurso espiritual.

Convocados para auxiliar os construtores do orbe terreno neste processo de transição, não há alternativa.

Segui adiante, conscientes das vossas responsabilidades com Cristo e Kardec, no cérebro e no coração, a escorrerem pelas vossas mãos, edificando a Humanidade melhor, num mundo mais feliz por que todos anelamos.

Estudemos o Espiritismo e melhor viveremos o Cristianismo.

Penetremo-nos no conhecimento kardequiano para melhor sentirmos a palavra viva de Jesus.

Cristo e Kardec estão erguendo o homem do caos em que jaz para os píncaros da Imortalidade.

Saudamos, neste esforço, quando a Federação Espírita Brasileira se prepara para celebrar o seu primeiro centenário de tarefas com o Cristo e com Kardec, saudamos, repetimos, esta Era Nova que se inicia com o Programa de Estudo Sistematizado da Doutrina, com o nobre esforço de iluminar o homem dos séculos do futuro.

(Mensagem psicofônica recebida durante a reunião do Conselho Federativo Nacional, na sede da Federação Espírita Brasileira, na manhã de 27 de novembro de 1983, em Brasília, Distrito Federal.)

30

DUAS PALAVRAS

M eus filhos,
Que Jesus nos abençoe.
Duas palavras: viveis na Terra de hoje o momento dos paradoxos.

A Ciência, que projetou o homem além da atmosfera do planeta, utilizada pela insensatez, ameaça de destruição o orbe que habitais. Os homens que penetraram no âmago das questões da vida com os bisturis aguçados da investigação armaram-se, dominados por uma ferocidade atávica, para aniquilar as mais belas conquistas da inteligência e do sentimento. As glórias da cultura, atingindo o seu ponto culminante, não conseguem diminuir os implementos das paixões, que reduzem a ética e a civilização aos mais baixos níveis da história dos tempos. Só Jesus, neste momento, poderá comandar as criaturas humanas.

Vós rogastes, antes do berço, a oportunidade do mergulho carnal, para construir um mundo melhor. Suplicastes, emocionados, o ensejo de abraçar a Doutrina libertadora, para com ela implantar no coração dos homens, e no vosso também, o Reino de Deus. Elegestes a hora difícil, a fim de demonstrar o valor do conteúdo doutrinário, diante das lutas renhidas que deveríeis enfrentar.

Chegado é o momento de viverdes, quais novos cristãos primitivos, a mensagem de que Allan Kardec foi o embaixador especial. Não estranheis, portanto, o campo sáfaro onde vos encontrais a laborar. Se não podeis impedir os fatores climatéricos, no momento conspirando contra os seminários de mudas que deveis zelar, utilizai-vos dos instrumentos ao alcance para resguardar-vos, resguardando por sua vez a sementeira luminosa.

A luta que defrontais é o resultado inevitável do choque das paixões. "Tomeis por ideal Jesus, o ser mais perfeito que Deus nos deu para servir de Modelo e Guia", como afirmaram os venerandos mentores da Humanidade ao codificador, e, utilizando os instrumentais da Ciência, enfrentai o ateísmo na sua expressão niilista e utilitarista, com os conhecimentos cimentados no fato da imortalidade da alma, da comunicabilidade do Espírito e da reencarnação. Mas, sobretudo, vivei a ética do Espiritismo, que não é outra senão a ética do Cristianismo primitivo.

Lutas travaram-nas Jesus e os Seus discípulos. Ninguém passa pela Terra em regime de exceção. Heróis, santos, mártires, ases da cultura, protótipos da sabedoria, delinquentes aturdidos e alienados experimentam todos os mesmos calhaus, as mesmas borrascas, os mesmos padecimentos. Vós, porém, tendes os meios de vos resguardar, pelo discernimento que a Doutrina vos propicia e pela fidelidade à Causa, estribada nas bases do amor.

Tende tento, filhos! Vigiai a respeito do fermento da dissensão. Permanecei no posto de trabalho e da fidelidade, sobretudo a Jesus e a Kardec, nesta hora de graves definições.

Nenhum de nós, encarnados ou desencarnados, tem direitos especiais na lavoura do Evangelho, senão o dever de servir, e servir mais, até a exaustão das nossas forças. Portanto, unidos, espíritas que somos, de ambos os lados da Vida, demo-nos as mãos e, irmanados, formemos um bloco para enfrentar o adversário comum, que é o materialismo disfarçado em outras colocações, enlouquecido pela prosápia da sua própria desarmonia interior e plantando as manifestações da violência e da anarquia.

Jesus prossegue o mesmo, hoje como ontem, e amanhã como hoje.

Vivei a Doutrina do conhecimento e do amor, porém não vos esqueçais de que a recomendação do Espírito de Verdade, confirmando a palavra de Jesus, é esta: o primeiro mandamento é que vos ameis, para que depois vos instruais. Se não vos amardes, de pouca utilidade ser-vos-á o conhecimento, porque o homem que detenha o conhecimento e não possua no coração o amor se transforma em verdugo dos seus irmãos.

Senhor, aqui está a família espírita brasileira, reunida em Teu nome, suplicando-Te inspiração, recordando os discípulos da Tua Mensagem no Dia de Pentecostes. Aqui traçam roteiros e diretrizes para o Teu trabalho na Terra, mas estão submissos às luzes da Espiritualidade superior, para que as vozes dos Céus desçam sobre eles, iluminando-os e conduzindo-os com segurança, na tarefa de ir e pregar a verdade a todas as gentes.

Abençoa-os, abençoando a todos que congregamos esforços em favor da causa comum que é a Tua Causa: a implantação do bem, em definitivo, na alma humana e na Terra, que um dia será a nova Jerusalém, libertada do pensamento anterior, simbolizando o Teu Reino, o Reino de Deus para todos nós.

Desça sobre os Teus discípulos, que disputamos a honra de servir-Te, a Tua paz, para que a união e a fraternidade deixem de ser utopias e se transformem no cimento divino, unindo-nos a todos.

(Mensagem psicofônica recebida na abertura da sessão do dia 17 de novembro de 1984, do Conselho Federativo Nacional, em Brasília, Distrito Federal.)
Transcrita da revista *Reformador* de fevereiro de 1985, p. 25.

31

CASA DE AMOR

Amigos e irmãos, que Jesus nos abençoe!

Neste século, os conflitos que separavam os homens diminuíram, na razão direta em que as realidades se lhes apresentaram mais afligentes.

A navegação aérea abriu possibilidades dantes jamais imaginadas. As bólides espaciais facultaram as comunicações num átimo de minuto, propiciando o relacionamento mais fácil entre as criaturas. Na razão direta, no entanto, em que o homem espraiou o conhecimento da inteligência, emurcheceram os sentimentos de solidariedade, substituídos pelas ambições desgovernadas que o atiram no resvaladouro da loucura, conduzindo aos suicídios nefandos.

Neste século, quando foram colocadas as primeiras balizas da Casa de Ismael no coração da Pátria Brasileira, até este momento, foi possível alongar a vida biológica, erradicar problemas na área da saúde, sincronizar ideais de fraternidade entre as nações. Mas o homem, em si mesmo, extraviado das diretrizes do Evangelho do Cristo, apresenta-se aturdido, infeliz...

Que fizemos de dezenove séculos de Jesus? Qual o contributo que doamos à Humanidade sofredora em nome do Crucificado sem culpa?

Para responder a essas indagações, o Espiritismo veio à Terra e se implanta, no Brasil, com a tarefa histórica de o espalhar por todos os quadrantes, prenunciando o momento feliz da Nova Jerusalém Libertada.

Hoje, diante de um mundo supercivilizado, que perdeu os caminhos do amor, Jesus, através de Seus mensageiros, volta a pedir:

Irmãos, amai-vos, distendendo o braço solidário com que vos ajudareis na edificação de um mundo melhor, tornando--vos verdadeiramente irmãos uns dos outros.

Inicia-se a segunda etapa da nossa Casa de Amor, fiel aos postulados da Terceira Revelação, trazendo o Cristo de volta. O que não quer dizer que não se investigue, porque esta tarefa vem confirmar a imortalidade já demonstrada desde Allan Kardec, caminhando lado a lado com a fé que restaura no homem a esperança e lhe implanta a caridade. Não significa que se deixe de abraçar os postulados da Filosofia e suas amplas expressões de comportamento, mas que estas somente podem ser vividas quando o amor entronizado na alma apresentar a Religião da verdadeira fraternidade, que é aquela que flui e reflui do Evangelho, em Espírito e Verdade, rompendo todas as barreiras, acabando com os preconceitos e dirimindo todas as dificuldades e dúvidas.

Por isso é que esta Casa de Amor estabeleceu, na tríade sublime – Deus, Cristo e Caridade –, as expressões santificantes da Revelação Espírita, em um só traço de união, para que o mundo possa ser feliz.

Marchai, homens de fé robusta! Não são diferentes estes daqueles recuados dias dos testemunhos. Já não enfrentareis a arena em que as feras vos roubarão a vida física. Enfrentaremos juntos as dificuldades que são nossas, os problemas que são nossos, na busca da nossa redenção pelo sacrifício, nos braços do amor.

Deus te abençoe, Casa de Ismael!

E a todos nos abençoe no fanal de amar, servir e passar, cantando a glória do Espiritismo na Terra.

(Mensagem psicofônica recebida na Sessão Comemorativa do I Centenário de fundação da Federação Espírita Brasileira, em sua sede, no dia 2 de janeiro de 1984, em Brasília, Distrito Federal.)
Transcrita da revista *Reformador* de março de 1984, p. 17.

32

ANTE A UNIFICAÇÃO

Meus filhos,

Que Jesus nos abençoe no momento em que a Humanidade abre espaços novos para as responsabilidades da solidariedade e do amor!

Quando a Ciência, projetando a criatura fora do Sistema Solar, acena-lhe as possibilidades de entendimento do Infinito, nós, os cristãos-espíritas, descobrimos, em profundidade maior, a grandeza da tarefa que temos pela frente para realizar. Não mais os empeços do caminho, nem dificuldades e urzes tentando impedir-nos o avanço. A grandeza da Doutrina Espírita, representada na unidade dos seus princípios, agora jaz na expressão superior da unificação dos espíritas, para que nada tisne a pureza diamantina do conteúdo que nos serve de luz interior para nortear a jornada terrestre.

Vivemos, como de todos é sabido, o momento máximo da grande transição que se aproxima e na qual já nos encontramos.

Hora de demolição de antigos valores, em que a ética se apresenta enlouquecida, o Cristo de Deus ressurge da história do passado para comandar os destinos do homem, através destas bases augustas que constituem a certeza última da vida: a imortalidade, a reencarnação – expressando a Divina Justiça –, o conhecimento que liberta e o amor que santifica.

Sobre vós, as graves responsabilidades do nosso Movimento na Pátria do Cruzeiro. Como é verdade que vivemos um clima de liberdade doutrinária, não menos verdade é que a identidade de princípios deve ser a viga mestra que nos una, para que possamos trabalhar com perfeito entendimento de objetivos, deixando à margem a contenda inútil, as lutas infrutíferas, para trabalharmos em diálogos fraternos na consecução das metas que todos perseguimos.

O Espiritismo, meus filhos, veio para ficar. É Doutrina dos Espíritos que os homens devem preservar, ampliando a fonte de informações, por serem, por sua vez, Espíritos, na romagem carnal.

Os testemunhos, agora, não vêm de fora, nem o ideal atinge a sua culminância sem a contribuição do martírio, que aqui deve ser recebido como este sentimento de fidelidade e amor que custa o sacrifício do idealista.

Houve tempo em que se fazia necessária a doação da vida física; posteriormente, da liberdade individual; agora é o selo do silêncio ante a afronta, para não oferecer combustível aos embates infelizes que grassam em toda parte.

– *Os meus discípulos* – disse Jesus – *serão conhecidos por muito se amarem* – e este amor, representado na expressão da caridade, que é a nossa bandeira de paz, deve prevalecer acima de quaisquer conjunturas individualistas em que o personalismo sobrenada de forma avassaladora.

Unamo-nos, sim, e sempre. É verdade que as ideias permanecem no mundo conforme os idealistas que as expõem, sobretudo pela conduta que eles mantêm. Recebemos de Allan Kardec e dos pioneiros do Espiritismo universal o exemplo de equidade, de nobreza, sacrifício, que devemos honrar graças à Misericórdia de Deus, nosso Pai, e ao Amor do Cristo, nosso Modelo Perfeito e Guia Único.

Levai a todas as partes esta identidade de propósitos, superando as diatribes, os problemas, e equacionando-os com a técnica do amor, sem vos afastardes das linhas mestras do comportamento espírita, mas não deixando espaços para que aí a incerteza, a frivolidade e o egoísmo instalem as suas baterias nefastas e possam perturbar a marcha dos acontecimentos.

Espíritas, meus filhos! Exoremos a Deus que nos dê resistência contra o mal, que ainda reside em nós, e que possais permanecer à frente das vossas atividades, como seareiros fiéis e devotados, até o momento terminal da vilegiatura orgânica, para que saiais do corpo vitoriosamente e possais dizer: aqui está o servo imperfeito, o que apenas fez o que lhe foi recomendado.

(Mensagem psicofônica recebida durante a reunião do Conselho Federativo Nacional, na Federação Espírita Brasileira, no dia 2 de novembro de 1985, em Brasília, Distrito Federal.)
Transcrita da revista *Reformador* de janeiro de 1985, p. 24.

33
Nossa casa permanece a barca conduzida por Ismael

Repetem-se os fenômenos históricos. Neste instante em que se definem os rumos, vamos enfrentar batalhas que pareciam ultrapassadas. Compreendamos, porém, que a Terra hospeda na carne as Entidades que se vincularam ao crime e à barbárie, ora instrumento de mentes rebeldes que teimam por lutar contra o progresso. Última oportunidade, neste momento, defrontamos com a renovação que se acerca; a batalha final, o Armagedom, aproxima-se, separando aqueles que são fiéis dos que ainda são aprendizes e optam pela dor.

Reunimos os companheiros para o nosso encontro desta manhã, a fim de fazer que os seus corações reconfirmem as certezas de que as ocorrências no plano físico, intentando perturbar a marcha do movimento de libertação, têm as suas raízes no Mundo verdadeiro, que é o do espírito.

Repetem-se aquelas outras lutas que travamos ontem e prosseguimos hoje, enfrentando-as. Continuem os companheiros e filhos amados na disposição de servir, de não passar recibo às provocações. A sós, se necessário, jamais, porém, coniventes com o mundo arbitrário, em detrimento do Senhor.

Nossa casa permanece a barca conduzida por Ismael, rumando na direção do porto seguro, que é Jesus.

Assim, utilizando-nos da mediunidade, que todos devemos dignificar, nas tarefas espíritas de socorro e de esclarecimento, fonte inexaurível de informações e de respostas, aqui encerramos também a parte das atividades espirituais do nosso Conselho Federativo Nacional, referente ao corrente exercício, e, ao fazê-lo, desejamos dizer aos nossos diretores da satisfação dos companheiros espíritas-esperantistas pelo trabalho programado para o estudo sistematizado do Esperanto. Aqui conosco os amigos Ismael Gomes Braga, Porto Carreiro Neto, Estevina Magalhães, Abel Gomes, Francisco Waldomiro Lorenz – pioneiros da trilogia do Evangelho, do Esperanto e do Espiritismo –, orando, com o coração túmido de gratidão, por esse labor ímpar que a nossa casa executa, ampliando as fronteiras do Espiritismo para maior fraternidade entre as criaturas humanas. O nosso Wantuil e Leopoldo Cirne, também por nosso intermédio, agradecem as recordações de que se viram objeto no transcurso desse ágape de fraternidade e de paz. Outros companheiros nossos, em uníssono, entoam um hino de louvor e rogam a Jesus, a Ismael, que prossigam norteando os nossos destinos na direção da verdadeira felicidade.

Levem a todos os seus familiares e companheiros de luta o afeto do nosso coração paternal e amigo. Rogo a Jesus que nos abençoe e nos guarde, hoje e sempre.

(Mensagem psicofônica recebida em sessão mediúnica, após reunião ordinária do Conselho Federativo Nacional, em 3 de novembro de 1985, na Federação Espírita Brasileira, Brasília, Distrito federal.)
Transcrita da revista *Reformador* de maio de 1986, p. 20.

34

A Pátria do Evangelho

M eus filhos,
Prossegue o Brasil na sua missão histórica de *Pátria do Evangelho* colocada no *coração do mundo*. Nem a tempestade de pessimismo que avassala, nem a vaga de dúvida que açoita os corações da nacionalidade brasileira impedirão que se consume o vaticínio da Espiritualidade quanto ao seu destino espiritual.

Apesar dos graves problemas que nos comprometem em relação ao porvir – não obstante o cepticismo que desgoverna as mentes em relação aos dias do amanhã –, o Brasil será o pulsante coração espiritual da Humanidade, encravado na palavra libertadora de Jesus, que fulgura no Evangelho restaurado pelos benfeitores da Humanidade.

Não se confunda a missão histórica do país com a competição lamentável em relação às megalópoles do mundo, que triunfam sobre as lágrimas das nações vencidas e escravizadas pela política financeira e econômica internacional.

Não se pretenda colocar o Brasil no comando intelectual do orbe terrestre, através das celebrações privilegiadas que se encarreguem de deflagrar as guerras de aniquilamento da vida física.

Não se tenha em mente a construção de um povo que se celebrize pelos triunfos do mundo exterior, caracterizando-se como primeiro no concerto das nações.

Consideremos a advertência de Jesus, quando se reporta que "os primeiros serão os últimos, e estes serão os primeiros".

Sem dúvida, o cinturão da miséria socioeconômica que envolve as grandes cidades brasileiras alarma a consciência nacional. A disputa pela venda de armas, que vem colocando o país na cabeceira da fila dos exportadores da morte, inquieta-nos. Inegável a nossa preocupação ante a onda crescente de violência e de agressividade urbana.

Sem dúvida, os fatores do desrespeito à consciência nacional, e a maneira incorreta com que atuam alguns homens nas posições relevantes e representativas do país fazem que o vejamos, momentaneamente, em uma situação de derrocada irreversível.

Tenha-se, porém, em mente, que vivemos uma hora de enfermidades graves em toda a Terra, na qual o *vírus* da descrença gera as doenças do sofrimento individual e coletivo, chamando o homem a novas reflexões.

A História se repete...!

As grandes nações do passado, que escravizaram o mundo mediterrâneo, não se eximiram à derrocada das suas edificações, ao fracasso dos seus propósitos e programas; assírios e babilônios ficaram reduzidos a pó; egípcios e persas guardam, nos monumentos açoitados pelos ventos ardentes do deserto, as marcas da falência pomposa, das glórias de um dia; a Hélade, de tão gloriosas conquistas no mar

Egeu e na circunferência em torno das suas ilhas, legou à posteridade o momento de ilusório poder, porém milênios de fracassos bélicos e desgraças políticas...

As maravilhas da Humanidade reduziram-se a escombros: o Colosso de Rodes foi derrubado por um terremoto; o túmulo de Mausolo arrebentou-se, passados os dias de Artemísia; o Santuário de Zeus, em Olímpia, e a estátua colossal foram reduzidos a poeira; os Jardins Suspensos de Semíramis arrebentaram-se e ficaram cobertos da sedimentação dos evos e das camadas de areia sucessivas da História. Assim aconteceu com outros tantos monumentos que assinalaram uma época, porém foram fogos-fátuos de um dia ou névoa que a ardência da sucessão dos séculos se encarregou de demitizar e de transformar.

Mas, o Herói Silencioso da Cruz, de braços abertos, transformou o instrumento de flagício em asas para a libertação de todas as criaturas, e a luz que fulgurou no topo da cruz converteu-se em perene madrugada para a Humanidade de todos os tempos.

O Brasil recebeu das Suas mãos, através de Ismael, a missão de implantar no seu solo, virgem de carmas coletivos, com pequenas exceções, a cruz da libertação das consciências, de onde o amor alçará o voo para abraçar as nações cansadas de guerras, os povos trucidados pela violência desencadeada contra os seus irmãos, os corações vencidos nas pelejas e lutas da dominação argentária, as mentes cansadas de perquirir e de negar, apontando o rumo novo do amor para que restaurem no coração a esperança e a coragem para a luta de redenção.

Permaneçam confiantes, os espíritas do Brasil, na missão espiritual da Pátria do Cruzeiro, silenciando a vaga de pessimismo que grassa e não colocando o combustível da descrença, nem das informações malsãs, nas labaredas crepitantes deste fim de século prenunciador de uma madrugada de bênçãos que teremos ensejo de perlustrar.

Jesus, meus filhos, confia em nós e espera que cumpramos com o nosso dever de divulgá-lO, custe-nos o contributo do sofrimento silencioso e das noites maldormidas, em relação à dificuldade para preservar a pureza dos nossos ideais, ante as licenças morais perturbadoras que nos chegam, sutis e agressivas, conspirando contra nossos propósitos superiores.

Divulgá-lO, vivo e atuante, no espírito da Codificação Espírita, é compromisso impostergável, que cada um de nós deve realizar com perfeita consciência de dever, sem nos deixarmos perturbar pelos hábeis sofistas da negação e pelas arengas pseudointelectuais dos aranzéis apresentados pela ociosidade dourada e pela inutilidade aplaudida.

Em Jesus temos "o ser mais perfeito que Deus nos ofereceu para servir-nos de modelo e guia", o meio para alcançar o Pai Amorável e Bom; o exemplo de quem, renunciando-se a si mesmo, preferiu o madeiro da humilhação à convivência agradável com a insensatez; de quem, vindo para viver o amor, fê-lo de tal forma que toda a ingratidão de quase vinte séculos não Lhe pôde modificar a pulcritude dos sentimentos e a excelsitude da Mensagem.

Ser espírita é ser cristão, viver religiosamente o Cristo de Deus em toda a intensidade do compromisso, caindo e levantando, "desconjuntando os joelhos" e retificando os passos, remendando as carnes dilaceradas e prosseguindo fiel em favor de si mesmo e da Era do Espírito Imortal.

Chamados para esta luta que começa no país da consciência e se exterioriza na incomensurabilidade geográfica, além das fronteiras do lar, do grupo social, da pátria, em direção do mundo, lutai para serdes escolhidos. Perseverai, para receberdes a eleição de servidores fiéis que perderam tudo, menos a honra de servir; que padeceram, imolados na cruz invisível da renúncia, que vos erguerá aos páramos da plenitude.

Jesus, meus filhos – que prossegue crucificado pela ingratidão de muitos homens –, é livre em nossos corações, caminha pelos nossos pés, afaga com nossas mãos, fala em nossas palavras gentis, e só vê beleza pelos nossos olhos fulgurantes, como estrelas luminíferas no silêncio da noite.

Levai esta bandeira luminosa: Deus, Cristo e Caridade, insculpida em vossos sentimentos, e trabalhai pela Era Melhor, que já se avizinha, divulgando o Espiritismo Libertador onde quer que vos encontreis, sem o fanatismo dissolvente, e sem a covardia conivente, que teme desvelar a verdade para não ficar mal colocada no grupo social da ilusão.

Agora, quando se abrem as portas para apresentar a Mensagem do Cristo e de Kardec ao mundo, e logo mais, preparai-vos para que ela seja vista em vossa conduta, para que seja sentida em vossas realizações e para que seja experimentada nas casas que momentaneamente administrais, mas que são dirigidas pelo Senhor de nossas vidas, através de vós, de todos nós.

O Brasil prossegue, meus filhos, com a sua missão histórica de *Coração do Mundo e Pátria do Evangelho*, mesmo que a descrença habitual, o cinismo rotulado de ironia, o sorriso, em gargalhada estrídula e zombeteira, tentem diminuir, em nome de ideologias materialistas travestidas de espiritualismo, e destrutivas, em nome da solidariedade.

Que nos abençoe Jesus – o Amigo de ontem, que já era antes de nós o Benfeitor de hoje, que permanece conosco, e o Guia para amanhã –, que nos convida a tomar do Seu fardo e receber o Seu jugo, únicos a nos darem a plenitude e a paz.

(Mensagem psicofônica recebida na manhã do dia 13 de novembro de 1988, no encerramento das atividades da reunião do Conselho Federativo Nacional, na Federação Espírita Brasileira, em Brasília, Distrito Federal.)

35

MENSAGEM DE ENCERRAMENTO

Final da palestra de Divaldo Pereira Franco, na sessão de encerramento do Congresso Internacional de Espiritismo, em 5 de outubro 1989.

[...] Ao se apagarem as luzes do Congresso Internacional do Espiritismo de 1989, o Brasil espírita, através da Federação Espírita Brasileira, dobra-se nas águas salvianas do mundo e diz: "Nós cumprimos com o nosso dever". Agora é o momento em que aqueles que aqui estivemos, desencarnados e encarnados, cumpramos com o dever que nos cabe. Paulo não cessou a obra na Pátria espiritual. A Federação Espírita Brasileira não terminará a tarefa ao se apagarem as luzes terrenas deste ágape de amor e de sabedoria, iniciando novo ciclo que é prenúncio de uma Nova Era.

(Neste momento, a voz do orador mudou de entonação.)

Mas a vós, espíritas, que ouvistes as palavras da Revelação; a vós cabe espalhar por toda parte as notícias do Reino de Deus, expandindo-as por todos os rincões da Terra. Não mais amanhã ou posteriormente. Agora tendes o compromisso de acender, na escuridão que domina o mundo, as estrelas luminíferas do Evangelho de Jesus. O Espiritismo é a Ciência que inquire, investigando e confirmando a imortalidade. É a Filosofia que equaciona os enigmas do comportamento humano. Mas é a Religião-amor que nos une como verdadeiros irmãos, sem distinção de raça, de fronteira, de posição social, eliminando tudo aquilo que separa os homens.

Jesus é o mesmo hoje, como O era há dois mil anos,

Restaurado na palavra consoladora da Doutrina Espírita, Ele nos conclama à união dos corações para a unificação dos postulados em torno do ideal da verdade.

Não creiais que o vosso compromisso com a vida seja uma viagem agradável ao país da fantasia, ou uma excursão ao oásis do prazer.

Propusestes-vos ao trabalho de renovar a Terra; candidatastes-vos à obra de edificação do bem; abristes os braços para que o amor se expanda em um hino de solidariedade universal; pesquisastes para possuirdes a certeza; elucidastes os enigmas para que não paire dúvida. Agora é ação.

Quem desejar a *cristificação* não desdenhe a crucificação.

Certamente não provareis do cutelo, não defrontareis as feras esfaimadas da arena. Não obstante, espíritas, meus irmãos, tereis em vosso mundo íntimo os instintos agressivos predominando e tentando obstaculizar-vos o avanço da mansuetude; tereis as lâminas aguçadas dos desejos servis dilacerando-vos as *carnes da alma;* não será o holocausto público, mas o martírio silencioso da abnegação que só Jesus e vossos guias saberão.

Não temais, pois nunca ficareis a sós. Nos momentos mais rudes, Ele vos dirá baixinho: "Tende ânimo. Eu não venci no mundo dos negócios, nem das orgias, mas eu venci o mundo".

Vencei-o, espíritas, meus irmãos, e ide em paz! O Brasil espírita, através dos mensageiros que aqui nos reunimos, o Mundo espírita, que aqui está junto a nós, encarnado, através de vós e desencarnados, conosco, abraça-vos e vos diz: "Ide em paz. E confiai em Deus em qualquer conjuntura".

(Mensagem psicofônica recebida no encerramento do 1º Congresso Internacional de Espiritismo, promovido pela FEB, no dia 5 de outubro de 1989, no Centro de Convenções, em Brasília, DF.)
Transcrita da revista *Reformador*, n. 1.928, ano 107, de novembro de 1989.

Este livro foi impresso na
LIS GRÁFICA E EDITORA LTDA.
Rua Felício Antônio Alves, 370 – Bonsucesso
CEP 07175-450 – Guarulhos – SP
Fone: (11) 3382-0777 – Fax: (11) 3382-0778
lisgrafica@lisgrafica.com.br – www.lisgrafica.com.br